재미있는 상식 이야기
꼬리에 꼬리를 잇는 지식 검색

재미있는 상식 이야기

꼬리에 꼬리를 잇는 지식 검색

2021년 1월 5일 2쇄 발행

글 **에이치비**
구성 **김성진**
펴낸이 **조병철**
펴낸곳 **한국독서지도회**
등록 2006년 5월 8일 (제2018-000066호)
주소 서울특별시 용산구 이촌로2가길 36, 5동 102호
TEL 02-704-8520
FAX 0303-3130-8590

잘못된 책은 구입처에서 바꿔 드립니다.
ISBN 978-89-7788-400-7 73030

어린이제품안전특별법에 의한 제품 표시
제조자명 한국독서지도회 | 제조년월 2018년 12월 | 제조국 대한민국 | 사용연령 8세 이상 어린이 제품
주소 및 연락처 서울특별시 용산구 이촌로2가길 36, 5동 102호 (02)704-8520

■ 머리말

꼬리에 꼬리를 잇는 지식 검색

　텔레비전이나 신문을 볼 때, 이해가 잘 안 되는 내용이 뜻밖에 많습니다. 그럴 때 여러분은 어떻게 하지요?

　만약 모르는 사실을 알게 되었을 때, "오라, 그런 것이었구나." 하며 고개를 끄덕이고 그냥 넘어가는 사람은 없습니까?

　하지만 호기심이 많은 여러분은 '왜 그럴까?' 하고 한 번쯤 의심해 보는 것이 중요합니다.

　그리고 그 의문점에 대해 다른 사람의 말을 그대로 받아들이거나 쉽게 믿지 말고 자기 스스로 곰곰이 생각해 보세요.

　이것은 다른 사람의 말을 100% 믿지 말라는 이야기가 아닙니다. 다른 사람의 말을 듣고 참고는 하되, 한 번쯤은 나 스스로 '정말로 그럴까? 왜?' 하고 생각해 보라는 것입니다. 평소에 척척박사로 통하는 친구일지라도 잘못 알고 있을 수도 있거든요.

그럴 때 "잠깐!" 하고 확인하면 그 친구는 한 번 더 생각하게 되고, 혹시 잘못 알고 있는 것을 바로잡을 수 있게 되지요.

뉴턴도 사과나무 밑에 누워서 '사과는 왜 땅으로 떨어지는 것일까?'를 생각하다가 그 유명한 만유인력을 발견하게 된 것입니다.

이렇듯 여러분이 평소 무관심하게 지나치기 쉬운 일에도 의문을 가지고 생각해 보는 습관을 길러 보세요.

세상과 관련된 일, 여러분 주위에서 일어나는 모든 사건에 의문을 가지고 '왜 그럴까?' '뭘까?' '어째서일까?'를 스스로 생각해 보는 것, 작은 일에도 호기심을 가지고 그 의문점을 풀어 보려는 노력은 정말 흥미진진하고 즐거운 것입니다.

자, 그럼 이제 우리 모두 재미있고 호기심이 넘치는 세상으로 들어가 볼까요?

■ 차례

시곗바늘은 왜 오른쪽으로만 돌까? 12

밸런타인데이는 누가 만들었을까? 16

21세기는 2000년부터인가, 2001년부터인가? 20

7월과 8월은 왜 연달아 31일까? 24

사람만 방귀를 뀌는가? 28

노벨상 수상자는 누가 정하는 것인가? 34

갈라파고스 제도에는 왜 신기한 생물이 있는 것일까? 38

태풍은 어디에서 오는 것일까? 42

공룡과 시조새는 어떤 관계일까요? 46

원숭이가 정말 사람의 조상일까? 52

우주에 나가면 몸에는 어떤 일이 생길까? 56

인간은 어째서 우주에 가고 싶어 할까? 60

벼락은 왜 일어나나? 64

운석은 어디에서 오는 것일까? 68

모기에게 물리면 왜 가려울까? 76

환경 호르몬이란 무엇인가? 80

축구는 언제 생겨난 스포츠인가? 84

축구에서 왜 손을 쓰면 안 되나? 88

올림픽은 언제부터 시작되었나? 92

도핑 검사란 어떤 검사인가? 98

멀티미디어란 무엇인가? 102

게임 소프트웨어는 어떻게 만드는가? 108

미국 대통령은 어떻게 뽑나? 114

미국 대통령은 얼마나 힘이 있나? 118

'오존층 파괴'란 무슨 뜻인가? 122

미세먼지, 산성비, 산성안개란 무엇인가? 128

나무가 줄어들면 지구에는 어떤 영향이 있나? 132

지구가 따뜻해지면 문제가 생긴다는데 어째서일까? (1) 138

지구가 따뜻해지면 문제가 생긴다는데 어째서일까? (2) 145

엘니뇨 현상이란 어떤 것인가? 150

환경 호르몬은 왜 그렇게 무서운가? 156

O-157이란 무엇인가? 159

▮시계바늘은 왜 오른쪽으로만 돌까?

■ '하루 24시간'은 도대체 언제부터, 누가 그렇게 정한 것일까?
● 시계가 최초로 만들어진 때는?
● 시곗바늘이 오른쪽으로 돌게 된 진짜 이유는?
● 시곗바늘이 왼쪽으로 돌아가는 시계도 있다!

　수렵 생활을 하던 고대 인류는 마침내 농사를 짓게 됨으로써 한 곳에 정착하여 살게 되었는데, 수확을 많이 얻기 위해서는 적절한 시기에 씨앗을 뿌리고 거두어야 한다는 것을 알게 되었습니다. 따라서 그 시기를 판단하기 위해 계절의 변화를 정확히 파악해야 할 필요가 있었기 때문에 시간의 흐름을 알아야 했습니다.

　지금으로부터 약 6천 년 전, 이집트 사람들은 지구가 태양의 주위를 한 바퀴 도는 데 365일이 걸린다는 것을 발견하고 이것을 일 년으로 정하였습니다. 더 나아가 지구 자신이 한 바퀴를 도는 단위를 하루로 정하고, 또 이 하루를 24시간으로 정했습니다.

이집트나 메소포타미아와 같이 문명의 꽃이 피기 시작한 곳은 사계절의 변화가 뚜렷하지 않고 비도 거의 오지 않았기 때문에 처음에는 해시계가, 뒤를 이어 물시계가 발명되었습니다.
　14세기에 이르러서야 겨우 시계가 발명되었으나, 그때에도 정확한 시간을 재는 도구로서는 여전히 해시계가 그 주역을 맡고 있었습니다.
　태양이 만들어 내는 그림자의 움직임으로 시간을 알 수 있는 해시계는 고대 이집트 사람들이 약 6천 년 전에 고안해 냈습니다.

손목시계로 방향을 알 수 있다

남쪽

잘 모르는 곳에서 길을 잃었을 때 나침반이 없더라도 짧은 바늘을 태양 쪽으로 돌리면 그 짧은 바늘과 12시 눈금의 중간 지점이 남쪽이 됩니다.

이때 북반부에서는 해가 떠서 질 때까지 해 그림자가 오른쪽으로 돌면서 움직이고, 남반부에서는 왼쪽으로 돌게 됩니다. 시계의 문자판에서 움직이는 시침과 분침은 바로 이 해시계가 오른쪽으로 돌며 움직이는 형태를 흉내 낸 것이지요.

태양이 만드는 그림자는 북반구의 경우에는 오른쪽으로 돌며 움직이지만, 남반구에서는 그와 반대로 왼쪽으로 돌며 움직입니다. 그래서 오스트레일리아 같은 나라에서 해시계를 만들면 그림자는 반대 방향인 왼쪽으로 움직입니다.

북반구에서는 태양이 만드는 그림자가 오른쪽으로 돕니다.

남반구에서는 해 그림자가 왼쪽으로 돕니다.

그런데 시계가 발명 될 당시 문명권은 거의 북반구에 있었기 때문에 해시계에서의 숫자를 오른쪽으로 배열시켰고, 아울러 시곗바늘도 오른쪽으로 돌게 되었다고 합니다.

이발소나 미용실 같은 경우, 손님은 주로 거울을 보고 앉아 있어서 거울을 통해서 보는 시계는 모두 문자판이 거꾸로 비치게 됩니다. 그래서 세심한 서비스를 제공하는 업소에서는 일부러 시곗바늘을 왼쪽으로 돌아가는 시계를 만들어 걸어놓기도 합니다.

꼬마상식

손목시계는 왜 왼쪽 손목에 차게 되었나?

손목시계가 발명된 것은 17세기입니다. 그러나 널리 사용되기 시작한 것은 1920년대부터이지요.
그런데 손목에 차려면 시계가 작아야 했고, 그래서 시계의 모든 부품을 작게 만들어서 조립해야 했으므로 고장이 잦았습니다. 그 때문에 어느 회사를 막론하고 난폭하게 취급하지 못하게 하려고 사람들이 잘 쓰지 않는 팔, 즉 왼쪽 팔목에 시계를 차도록 설계했던 것입니다.
요즘 손목시계는 상당히 심한 운동에도 잘 견디도록 만들어져 있으나, 그래도 정밀 기계인 것만은 틀림없습니다. 그래서 지금도 왼쪽 손목에 차도록 설계되고 있는 것이지요.

밸런타인데이는 누가 만들었을까?

■ 언제부터, 무엇 때문에 초콜릿이 연인들끼리 주고받는 선물이 되었을까?
● 밸런타인데이의 유래
● 초콜릿을 주는 것은 누가 시작했을까?
● 밸런타인 초콜릿은 얼마나 만들어질까?

지금으로부터 약 1,700년 전 로마에서의 일입니다. 황제 클로디우스 2세는 젊은이들에게 '금혼령'을 내려 결혼을 못 하게 하였습니다. 젊은이들이 결혼하여 가정을 꾸미게 되면 군인들이 줄어들 것이고, 그렇게 되면 나라를 지키는 일에 지장이 있을 것으로 생각했기 때문이지요.

당시 가톨릭교의 신부였던 발렌티누스는 황제의 생각이 너무나 이기적이고 독재적인 것이라고 비난하며, 비밀리에 젊은이들의 결혼식을 올려 주었습니다. 사랑하는 젊은이들에게 있어 발렌티누스 신부는 더 없는 구세주였던 셈이지요.

하지만 발렌티누스 신부는 발각되어 사형을 당하고 말았습니다. 그러자 그의 죽음을 안타깝게 여긴 로마의 젊은이들은 발렌티누스 신부의 죽음을 기리기 위하여 그가 사형당한 2월 14일을 '연인들의 날'로 정하여 기념하게 된 것입니다.

그 후 이날은 남자 쪽에서 사랑하는 여인에게 사랑의 속삭임을 적은 카드를 보내는 풍습으로 변하게 되었고, 19세기에 이르러 영국에서 밸런타인데이에 카드나 편지 대신 초콜릿을 선물하기도 하였습니다.

1936년에 일본의 고베의 초콜릿 가게에서 서양인을 대상으로 '밸런타인데이에 사랑하는 사람에게 초콜릿을 선물하세요'

라고 광고한 것이 밸런타인데이에 초콜릿을 주고받는 날로 정착화된 시초입니다. 하지만 서양인들을 상대로 한 초콜릿은 생각 외로 많이 판매되지 않았습니다.

그러다 20년 후인 1950년대 후반에 도쿄에 있는 초콜릿 가게에서 기가 막힌 초콜릿 판매 방법을 생각해냈습니다.

'여성이 남성에게 사랑을 담아 보냅니다'라는 표어를 내걸고, 하트 모양의 초콜릿을 팔기 시작한 것입니다. 당시는 여성이 남성에게 사랑한다는 표현을 하는 것이 어려웠던 때였으므로 초콜릿의 인기는 아주 굉장했습니다.

이렇게 하여 일본과 우리나라에서는 밸런타인데이가 여성이 좋아하는 남성에게 초콜릿을 선물하여 자기 마음을 전하는 날이 되었습니다.

꼬마상식

세계의 밸런타인데이

오스트레일리아 : 여성이 남성에게 주는 예는 거의 없다.
미국 : 서로 카드나 장미꽃을 주고받는다.
대한민국 : 여성이 남성에게 주며 '좋아한다'고 고백한다.
사우디아라비아 : 밸런타인데이가 법으로 금지되어있다.

밸런타인데이에 주는 초콜릿이라고 해도 진정으로 사랑하는 사람에게 주는 초콜릿과 주지 않으면 상대방이 섭섭하게 생각할까 봐 주는 '의리의 초콜릿'이 있다는 것은 잘 알고 있지요?

의리의 초콜릿 덕분에 지금은 밸런타인데이 전 2주일 동안에 팔리는 초콜릿의 양이 약 2만5천 톤이라고 합니다. 이것은 판 모양의 초콜릿으로 환산하면 무려 5억 장에 해당하는 양인데, 우리나라 국민 한 사람 앞에 각각 9.6장씩 나누어 줄 수 있는 어마어마한 양이지요.

그러니 초콜릿 회사에게 밸런타인데이가 얼마나 중요한 날이겠어요?

21세기는 2000년부터인가, 2001년부터인가?

■ 서양력(달력 계산법)은 누가 정한 것인가?
   연호란 무엇인가?
● 달력은 누가 발명했나?
● 서양력도 우리나라처럼 만으로 계산할 수 있는 것인가?

현재 사용하는 달력은 예수님이 태어난 해(실제로 태어난 것은 그 4년 전)부터 1년이 시작됩니다.

또한, 100년을 단위로 '세기'라고 하는 연대 계산법을 쓰고 있습니다. 그러니까 20세기는 1901년부터 2000년까지이고, 21세기는 2001년부터 시작하는 셈이지요.

만일 달력이 1년부터가 아니라 0년부터 시작했었다면 2000년이 21세기가 될 것입니다.

하지만 처음 달력을 만들 때는 아직 0이라는 숫자의 개념이 없었습니다. 그래서 당시 예수님이 태어났다고 믿었던 해를 1년으로 정해 버린 것입니다.

옛날 사람들은 나이도 태어난 해를 1세로 계산하고 있습니다. 지금 나이를 세는 방법은 '만으로 몇 살', 시간도 '0시'라고 하여 0으로부터 시작하는 것이 당연시되어 있지만, 달력에서는 그 단위가 1로 시작하는 연도로 되어 있습니다. 그래서 0에서 시작하는 계산 방법과 뒤죽박죽이 되어, 무심코 2000년이 21세기의 시작이라고 생각해 버리는 사람들이 생기게 된 것입니다.

유럽에서도 400년 이상 전부터 그 세기가 바뀔 때 '언제부터가 새로운 세기인가?' 하는 것이 문제가 되었다고 합니다.

이런 달력 계산법에 익숙해져 있을 법한 유럽 사람들도 100년마다 혼란을 겪는 것 같습니다.

지금으로부터 1400년도 더 되는 오래전에 그리스도교의 가르침을 연구하던 로마의 디오니시우스 엑시구스 신부가 예수님이 태어난 해를 시작으로 하는 연대 계산법을 발포했습니다. 그것이 널리 퍼져서 지금까지 사용되고 있는 것입니다. 예수님이 태어난 크리스마스를 12월 25일로 정한 것도 이 사람이라고 합니다.

디오니시우스 엑시구스

기독교 신학자로 그레고리력과 율리우스력에서 쓰이는 기원후식 표기(A.D., Anno Domini)를 처음 사용한 것으로 알려져 있습니다. 헬라어 성경을 라틴어로 번역하였습니다. 니케아 공의회의 신조와 콘스탄티노플 공의회의 신조, 그리고 칼케돈 공의회의 신조도 라틴어로 번역을 하였습니다. 그가 번역한 문헌들은 서방 교회에 많은 영향을 주었으며 지금도 교회의 행정에 대한 지침으로 사용되고 있습니다.

광무(光武)는 대한제국의 연호였는데, 연호란 무엇인가요?

연호란 군주 국가에서 군주가 자기의 치세 연차에 붙이는 이름입니다. 옛날 중국에서 처음으로 사용되었으며, 그 영향을 받아 우리나라를 비롯하여 일본, 베트남 등에서도 사용하였습니다. 중국에서는 청이 망하고, 중화민국이 성립되면서 연호 사용이 폐지되었습니다.

이웃 나라인 일본에서는 서기 645년에 처음으로 '다이카'라는 연호를 쓴 이후로 지금까지 줄곧 사용하고 있습니다. 처음에는 지진이나 전쟁 등이 일어날 때마다 연호를 새롭게 정하곤 했는데, 메이지 시대 이후부터 '한 세대 한 연호'라는 원칙으로 일왕 한 세대의 기간에는 한 개의 연호만을 쓰게 되었습니다.

우리나라에서는 신라 법흥왕 때 '건원'이라는 연호가 최초로 사용되었습니다.

대한민국 임시정부에서는 1919년을 기원으로 하는 '대한민국 연호'를 사용했고, 일제에서 해방되었을 때는 단군의 탄생을 기원으로 하는 단기를 사용했습니다. 그러다 1962년부터 서력 기원을 공용 연호로 사용하고 있습니다.

7월과 8월은 왜 연달아 31일일까?

- ■ 옛날 달력에는 어떻게 되어 있었을까?
- ● 율리우스력이란 무엇인가?
- ● 7월과 8월이 연달아 큰 달인 이유는?
- ● 2월이 28일이 된 이유는?

　현재 우리가 사용하는 달력은 그레고리 달력입니다. 율리우스력이란 현재 우리가 사용하고 있는 달력의 기원입니다.

　지구가 태양의 주위를 한 바퀴 도는 데 걸리는 시간은 약 365일 6시간입니다.

　고대 이집트인이 이 사실을 발견하였는데, 이집트에서는 이것을 기준으로 하여 해시계를 발명하고, 또 거의 완벽한 달력을 만들어 쓰고 있었습니다.

　지금으로부터 2,000여 년 전, 이집트를 정복한 율리우스 카이사르는 이집트에서 사용하는 달력이 상당히 과학적이고 체계가 잡힌 것임을 알게 되었습니다.

그때까지 로마에서 사용하고 있던 달력은 달의 움직임을 기준으로 한 불완전한 것이었습니다.

로마로 돌아온 카이사르는 천문학자에게 이집트의 달력을 토대로 한 새로운 달력을 만들게 하였는데, 이것이 바로 '율리우스력'입니다.

율리우스력은 1년을 365.25일로 정하고 있습니다. 그리고 1년 365일을 12개 달로 나누어 홀수 달을 31일(큰 달), 짝수 달을 30일(작은 달)로 하였습니다.

그러나 이렇게 하면 모두 합해 366일이 되어 버리기 때문에 하루를 줄이기 위해 2월을 29일로 하였습니다.

율리우스 카이사르
로마 공화정 말기의 정치가이자 장군입니다. 폼페이우스, 크라수스와 함께 3두동맹을 맺고 콘술이 되어 민중의 큰 인기를 얻었으며 1인 지배자가 되어 각종 사회정책, 역서의 개정 등의 개혁사업을 추진하였으나 브루투스 등에게 암살되었습니다.

2월을 줄인 이유는, 그 당시는 1년이 3월부터 시작하여 2월에 끝나기 때문이었습니다. 그래서 1년의 마지막 달인 2월을 줄인 것입니다. 그리고 0.25일의 오차를 없애기 위해 4년에 한 번씩 1일을 추가했습니다. 이것이 윤달, 즉 4년마다 2월이 29일인 이유입니다.

  카이사르는 자신이 태어난 7월이 '큰 달'이라고 하며, 자기 이름을 역사에 남기고자 7월에 '줄리어스(영어로는 July)'라는 이름을 붙였습니다.

  그러자 카이사르의 뒤를 이은 아우구스투스도, "그렇다면 나도!" 하며 8월을 큰 달로 만들었습니다. 그리고 자신이 3회에 걸쳐서 전쟁에서 이긴 달이 8월이라는 이유로 아버지를 본떠서 8월에다 자신의 이름을 붙였습니다. 8월은 영어로 '어거스트(August)'라고 하는데, 이것은 아우구스투스의 이름에서 유래하고 있습니다.

아우구스투스 동상

이렇게 하여 7월과 8월이 연달아 31일이 된 것입니다.

8월이 큰 달이 되는 바람에 다음에 이어지는 9월이 30일로, 그리고 10월이 31일로 되어 버렸습니다.

그러자 1년이 하루가 더 늘어나서 다시 2월에서 하루를 더 줄이게 되었습니다. 그리하여 결국에는 2월이 28일이 되고 말았습니다.

이렇게 하여 지금 달력과 같은 불규칙하고 외우기 힘든 모양이 되어 버린 것이지요.

율리우스력은 사용 후 천 년이 넘어가면서 문제점이 나타납니다. 율리우스력의 1년의 길이는 실제의 1년과 달라 16세기에는 10일 정도 차이가 났습니다. 그래서 그레고리 13세는 1년을 365.2425일로 계산하는 새로운 달력인 그레고리력을 개정하였습니다.

지금의 달력은 이 그레고리력을 기준으로 합니다.

사람만 방귀를 뀌는가?

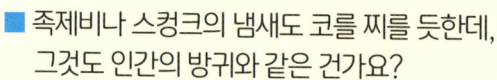

■ 족제비나 스컹크의 냄새도 코를 찌를 듯한데, 그것도 인간의 방귀와 같은 건가요?
- 방귀는 어째서 악취가 날까?
- 스컹크의 독한 악취도 방귀인가?
- 방귀 소리가 클수록 건강하다는데 정말일까?
- 미꾸라지도 방귀를 뀐다고?

위나 장과 같은 소화 기관에는 '장내 세균'에 속하는 여러 균이 살고 있습니다. 이 균들이 음식물을 잘게 분해하여 소화를 시켜 주는데, 이 과정에서 가스(기체)가 발생하여 항문을 통해 새어 나오는 것을 '방귀'라고 하지요. 따라서 개나 고양이는 물론 코끼리나 사자들도 방귀를 뀐답니다.

섭취한 음식물에 따라서 방귀와 냄새도 다른데, 전분이나 섬유질의 음식물에서 나오는 가스는 질소, 수소, 메탄 등으로 악취가 나지 않습니다.

하지만 생선이나 고기 같은 단백질이 많이 포함된 음식물에서 나오는 가스는 유황과 수소가 결합한 유화수소라는 기체로,

이것이 악취의 근원이 됩니다.

그래서 채식을 좋아하는 사람보다 육식을 좋아하는 사람의 방귀가 더 지독한 냄새를 풍기게 됩니다.

옛날에 절에서는 스님의 방귀에서 악취가 나면 쫓아냈다고 하는데, 이것은 육식을 엄격히 금지하고 있는 불교에서 '분명히 숨어서 생선이나 고기를 먹었을 것이다.'라고 여겼기 때문일 것입니다.

북아메리카와 중앙아메리카의 평원에 서식하는 줄무늬스컹크는 적과 만났을 때 아주 지독한 냄새가 나는 독액을 뿜어냅니다.

스컹크는 3~4m까지 날아가는 가스를 분출하는데, 이 가스를 직접 맞으면 기절해 버릴 정도로 지독합니다. 한 번에 5~6회 정도를 분출할 수 있습니다.

그러나 이 독액은 분명 가스이기는 하지만 방귀와는 그 성질이 다릅니다. 이 가스는 위나 창자에서 음식물을 소화해 배출하는 가스가 아니라, 스컹크가 항문 근처에 별도로 가지고 있는 한 쌍의 가스 분비샘에서 나오는 가스입니다.

그러니 스컹크가 내는 냄새는 방귀가 아닙니다.

건강한 사람이 하루에 뀌는 방귀의 양은 평균 100~300mL, 많은 사람은 500mL 정도라고 합니다.

방귀 자체는 병이 아니지요.

단지 자주 변비에 걸리는 사람이나 위장이 약한 사람은 소화

활동이 활발하지 못하기 때문에 그만큼 장내에 이상발효가 많아지고, 대변에 가스가 스며들어 축축해져서 소리가 크지 않은 '도둑 방귀'를 뀌게 됩니다.

'큰 소리를 내는 방귀는 건강한 증거'라는 말은 정말인 것 같습니다.

미꾸라지는 수면 위로 떠올라 자주 입을 뻐끔거립니다. 이것은 미꾸라지가 입으로 공기를 마시기 때문입니다.

그렇게 입으로 공기를 마신 후 물속으로 잠수해서는 엉덩이로 보글보글 공기 방울을 내놓는데, 이것이 바로 '미꾸라지의 방귀'입니다.

미꾸라지의 방귀

인간 역시 미꾸라지처럼 식사할 때 공기를 많이 들이마시면 방귀가 나오기 쉽습니다.

미꾸라지는 물속에 산소가 충분히 녹아 있을 때는 아가미로 호흡하게 되므로 입으로 호흡하는 산소의 보글거림이 적습니다. 하지만 며칠 동안 맑은 날이 계속되어 강물이 줄어들면 물속에 녹아 있는 산소도 역시 줄게 됩니다.

이러면 미꾸라지는 수면 가까이 떠올라 입으로 공기를 들이마시게 되므로 다시 보글거림이 시작되지요. 산소가 적으니까 입으로 자주 공기를 들이마시고 항문으로 가스를 내놓기 때문입니다.

미꾸라지가 내놓는 공기 방울의 보글거림은 항문에서 나오는 것인데, 이것은 여러분이 목욕탕이나 수영장 풀 안에서 방귀를 뀔 때와 같습니다.

노벨상 수상자는 누가 정하는 것인가?

■ 노벨상에는 어떤 상이 있나? 상금은 얼마나 받게 되나?
- 노벨상이란?
- 노벨상 수상자는 어떻게 선출되고 있나?
- 노벨상은 언제부터 시작되었나?
- 노벨상의 상금은 얼마나 되나?

　노벨상은 물리학, 화학, 경제학, 생리학/의학, 문학, 평화 등 6개 분야에 걸쳐 각 분야에서 중요한 발견이나 발명을 한 사람, 뛰어난 소설을 쓴 사람, 세계 평화를 위해 힘쓴 사람에게 주어지는 상입니다.

　스웨덴의 화학자였던 알프레드 노벨은 커다란 바위 등을 부수거나 폭파할 때 쓰이는 '다이너마이트'라는 폭약을 발명하여 큰 부자가 되었습니다. 그러나 그 다이너마이트가 전쟁터에서 사람을 죽이는 무기로 쓰이게 되자 크나큰 고민을 하게 되었습니다.

　다이너마이트가 전쟁에서 이용되는 걸 싫어했던 노벨은 유산의 94%를 이용해서 세계 평화에 이바지한 공이 큰 사람에게 상금을 주라는 유언을 남겼습니다.

그렇게 하여 세계 평화와 과학의 진보에 힘쓴 사람에게 매년 상을 주는 제도를 만들게 된 것입니다.

노벨상 메달 앞면

노벨상 메달 뒷면

노벨상이 시작된 것은 노벨이 죽은 지 5년 후인 1901년부터입니다. 처음 노벨상은 경제학 분야가 빠진 5개 분야에서 수상자를 선정했는데, 1969년부터 경제학 분야가 추가되었습니다.

1901년 최초의 노벨상 수상자는 X선을 발견한 독일의 뢴트겐(물리학), 열역학을 연구한 네덜란드의 판트호프(화학), 혈청요법의 선구자인 독일의 베링(생리학/의학), 시인인 프랑스의 프뤼돔(문학), 국제적십자위원회의 창립자인 스위스의 뒤낭(평화)과 국제의회연합을 만든 프랑스의 파시(평화) 등입니다.

제1회 노벨상 수상자 앙리 뒤낭

노벨상은 각 분야의 전문 단체 대표자가 노벨상을 주기에 적합하다고 생각되는 후보자를 추천합니다.

하지만 재단에서 누구에게 추천을 의뢰하는지 모두 비밀로 되어 있습니다. 추천한 사람도, 후보가 되는 사람도 50년 동안은 공표되지 않는다고 합니다.

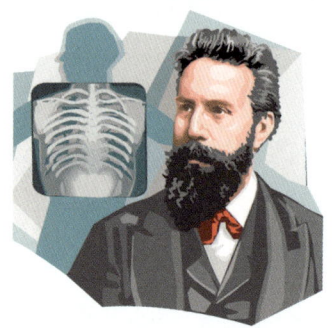

제1회 노벨상 수상자 뢴트겐

전문가가 보낸 후보자 추천장을 토대로 하여 물리학, 화학, 경제학 분야는 스웨덴 왕립과학아카데미에서, 문학 분야는 스웨덴 아카데미에서, 생리학/의학 분야는 카롤린스카 의학연구소에서, 평화 분야는 노르웨이 노벨위원회에서 수상자를 선정하는데, 그 방법이나 내용도 일절 발표되지 않고, 발표는 노벨상을 받을 사람이 정해질 때뿐입니다.

노벨 평화상을 받는 김대중 전 대통령
2000년 12월 10일 노르웨이 오슬로에서 김대중 전 대통령이 한국인 최초로 노벨 평화상을 수여 받는 장면으로 노벨 평화상 분야에서 세계 81번째로 수상했습니다.

노벨상 수상자에게는 금메달, 상장, 그리고 상금을 줍니다.

상금은 노벨이 노벨 재단에 기부한 돈의 이자로 얻어지는데, 재단의 기금운용사정에 따라 상금의 액수는 매년 조금씩 변합니다. 지금은 적으면 약 100만 달러에서 많으면 약 140만 달러까지 상금으로 수여합니다.

또한, 노벨상 시상식은 매년 노벨이 사망한 날인 12월 10일에 스웨덴의 수도 스톡홀름에서 국왕 부부의 출석하에 거행되고 있습니다. 평화상만은 노르웨이의 오슬로에서 거행되지요. 수상자는 자신의 연구에 대해 강연을 하게끔 되어 있습니다.

갈라파고스 제도에는
왜 신기한 생물이 있는 것일까?

■ 날개가 있어도 날지 못하는 가마우지, 바다를 헤엄치는
이구아나는 어떻게 해서 그렇게 되었을까?
● 갈라파고스 제도란 어떤 곳인가?
● 갈라파고스에는 어째서 진기한 동물들이 살고 있나?
● 갈라파고스에서 사는 동물의 종류는?

　갈라파고스 제도는 지금으로부터 300만 년 전에 바다 밑 화산이 폭발하여 형성된, 16개의 섬으로 구성된 화산섬을 합쳐 부르는 이름입니다. 현재 우리가 사는 곳에서 정반대 쪽, 즉 남아메리카의 에콰도르라는 나라의 영토로서 적도 바로 밑에 있습니다.

　갈라파고스란 스페인 말의 '거북'이라는 뜻으로, 어느 섬을 막론하고 아주 많은 거북이가 살고 있어 '거북이가 사는 섬들'이란 이름으로 일반적으로 통하게 되었습니다.

갈라파고스 코끼리거북은 높은 곳의 열매를 따 먹기 위해 목이 길어졌답니다.

　16세기에 중앙아메리카의 파나마에 사는 베를랑가 신부가 풍랑을 만나 정박하면서 발견하였습니다.
　그러나 이 섬은 비가 거의 오지 않는 가혹한 환경이었기 때문에 생물들은 이곳에서 살아남기 위하여 자신의 모습을 바꾸지 않으면 안 되었습니다.
　지금으로부터 160여 년 전, 영국의 과학자 다윈은 이 섬에 놀러 왔다가 깜짝 놀랐습니다.
　날개가 있어도 날지 못하는 가마우지, 해초밖에 먹지 않는 이구아나, 목이 긴 거북이 등 여태까지 한 번도 본 적이 없는 동물들이 많이 살고 있었기 때문입니다. 게다가 같은 종류의 동물인데도 무슨 이유에서인지 섬마다 그 모습이 모두 달랐습니다. 다윈은 귀국한 후에도 곰곰이 생각했습니다. 그리고 계속 연구하기를 20년, 이 섬과 거기에 사는 동물들이 다른 지역의 동물과 다른 것은 갈라파고스의 자연환경 때문이라는 결론을 내렸습니다.

즉, 갈라파고스는 화산섬이고, 일 년 내내 비가 거의 오지 않는 건조한 곳이기 때문에 먹이가 될 만한 것이 많지 않았습니다. 그래서 여기서 살아남기 위해서는 동물이든 식물이든 악조건의 환경에 적응하는 피나는 노력을 해야만 했던 것입니다.

갈라파고스의 진기한 동물들은 찰스 다윈의 진화론의 모태가 되었다고 전해집니다.

이렇듯 자신을 환경에 맞추기 위해서 동물들은 오랜 기간에 걸쳐 자신의 모습을 바꾸게 되는데, 다윈은 이것을 '진화'라고 정의하고 세계에 발표하였습니다.

갈라파고스에 사는 동물은 파충류가 20종, 조류가 가장 많아 57종입니다. 이것들 대부분은 갈라파고스 이외의 지역에서는 찾아볼 수 없는 것들 뿐입니다.

의문의 섬 갈라파고스의 불가사의 7가지

1. 갈라파고스는 적도 바로 밑에 있는데도 뜻밖에 시원합니다. 남극으로부터 차가운 해류가 흘러들어 바닷물 온도가 낮아졌기 때문이지요. 펭귄까지 있습니다.
2. 섬에 강이 없습니다. 비가 많이 오지 않기 때문입니다.
3. 이 섬에 사는 동물은 다른 곳에는 없습니다. 단 박쥐만은 예외입니다.
4. 갈라파고스의 동물은 달아날 줄 모릅니다. 큰 육식 동물이 없었기 때문이지요. 육식 동물은 매 종류와 올빼미뿐입니다.
5. 개구리와 도롱뇽 같은 양서류가 없습니다. 파충류가 너무 많이 번식한 탓입니다.
6. 포유류는 물개 2종, 쥐 6종, 박쥐 2종뿐입니다.
7. 동물이든 식물이든 같은 종류의 것이 섬마다 그 형태가 모두 틀립니다.

태풍은 어디에서 오는 것일까?

■ 바람의 속도가 어느 정도 되어야 '태풍'인가?
● 태풍은 어디에서 생기는가?
● 태풍은 어떻게 커지는가?
● 태풍은 왜 가을에 많이 오나?

태풍은 강한 비바람을 동반하여 진행하는 거대한 공기의 소용돌이로, 그 중심의 최대 풍속이 초속 17.2m 이상이나 되는 매우 강한 바람입니다.

카리브 해역에서 발생하여 북아메리카로 향하는 '허리케인'이나 인도양에서 발생하는 '사이클론'도 부르는 이름은 다르지만, 그 성질은 태풍과 똑같습니다.

열대 지방은 더위 때문에 바닷물의 증발이 심하여 많은 구름이 형성되는데, 그것이 지구의 자전이나 바람 등의 영향으로 소용돌이 형태의 구름을 만들게 됩니다.

이것이 태풍의 초기 형태이지요.

이때 많은 열이 뿜어져 나와 주변의 온도가 급격히 상승하게 되고, 이렇게 해서 데워진 공기는 가벼워서 위로 올라가고 그 밑에는 또 새로운 공기가 빨려 들어가게 됩니다.

이러한 공기의 운동이 되풀이되면서 태풍의 위력은 점점 더 커지게 되지요.

열대 바다 위에서 생겨난 태풍은 지구의 동쪽에서 서쪽으로 향하여 부는 바람(편동풍)을 타고 옵니다. 그러나 여름 동안에는 태평양의 고기압이 한반도 상공에 버티고 있으면 태풍은 대만이나 중국 본토 쪽으로 향하게 됩니다.

그런데 가을이 되면 이 태평양 고기압이 차츰 약해지고, 대신 서쪽에서 동쪽으로 부는 바람(편서풍)이 강해집니다. 이때 태풍이 편서풍을 타고 한반도를 향하여 오게 되는 것입니다. 가을에 태풍이 많은 이유는 바로 이런 까닭이지요.

태풍은 바람의 속도가 초속 25m 이상인 폭풍우와 그 바깥쪽 풍속이 초속 15m 이상인 강풍이 불고 있는 소용돌이로 되어 있습니다. 바로 이 바깥쪽에 있는 소용돌이의 반지름으로 태풍의 크기를 가늠하게 됩니다.

한편 강도를 측정하는 방법은 태풍의 중심에서 부는 바람의 강약을 말하는데, 보통 중심의 최대 풍속이 초속 17.2m 이상이면 태풍으로 간주합니다.

꼬마상식

태풍에 관한 지식

아무리 사나운 태풍이라도 중심의 최대 풍속이 17.2m 아래로 떨어지면 그 일생을 마감하게 됩니다.
지금까지의 통계에 의하면 태풍의 평균 수명은 5일이고, 가장 장수를 누렸던 태풍은 1986년에 발생한 웨인으로 19일간이었습니다. 반대로 가장 짧았던 것은 1974년에 발생했던 헤스터로 단 6시간짜리였지요.
간혹 태풍이 소멸했다가 부활하는 예도 자주 발생합니다.

공룡과 시조새는 어떤 관계일까?

■ 공룡이 진화하여 지금의 새가 된 것일까?
　새가 진화하여 공룡이 되었던 것일까?
● 공룡의 조상은 어떤 생물이었을까?

　공룡이 지구에서 살았던 것만은 틀림없지만, 그들의 조상에 대해서는 지금까지도 수수께끼로 남아 있습니다.

　공룡들의 자손에 대하여 '공룡이 진화하여 새가 되었다.'고 생각해 왔는데, 과거에는 '새가 진화하여 공룡이 된 것이 아닐까?' 하는 생각을 한 학자도 있었습니다.

　"공룡이 나타나기 훨씬 이전에 강자에게 잡아먹히지 않으려고 나무 위에서 생활하던 도롱뇽과 같은 모습을 한 파충류가 있었다. 그것이 진화를 계속하여 원시 새가 되었고, 원시 새가 다시 진화를 계속하여 지금의 새가 되었다. 날개를 달게 된 그 원시 새 가운데 한 무리가 땅으로 내려와서, 두 발로 뛰어다니며 먹이를 잡아먹고 생활하게 되었다. 그러자 공중을 날기 위해 달려 있던 날개가 점차 퇴화하고, 육식 공룡으로 변하게 되었다. 그 후 지상에서 계속 육식 공룡 생활을 하는 가운데 몸집이 점점 커져서, 마침내 티라노사우루스와 같은 거대한 공룡으로 진화한 것이다."

'고대의 날개'라는 뜻을 가진 시조새는 새의 조상인 새입니다. 새라고 하지만 지금의 새와 달리 부리에 날카로운 이빨이 있어요. 날개에는 발톱이 있는 발가락이 달렸지요.

그러나 이런 추측이 옳다고 인정한다면 지금까지 새의 선조라는 의미인 '시조새(아르카이옵테릭스)'는 도대체 무엇이었느냐는 의문이 생깁니다. 시조새의 화석을 발견했을 때, '이것이야말로 공룡에서 새로 진화하는 과정을 보여 주는 동물이다.'라고 생각했었으니까요.

그런데 시조새 몸의 방향을 바꾸고, 날개의 위치를 바꾸면 지상을 달리며 먹이를 잡는 육식 공룡과 너무나도 흡사하다는 것을 알 수 있습니다. 새의 선조로 생각했던 시조새가 사실은 날기를 그만두고 지상으로 내려와 먹이를 잡기 위해 뛰어다니게 된 원시 새일지도 모른다는 생각도 든 것입니다.

시조새는 하늘을 날 수 있게 뼛속이 구멍이 나 있습니다.

공룡이 시조새를 거쳐 새가 되었다고 가정하면 무언가 이해하기 어려운 점이 많다고 여긴 적도 있었습니다.

예를 들어 시조새의 가슴에는 V자형의 빗장뼈라고 부르는 뼈가 있는데, 이것은 하늘을 나는 데 필요한 뼈이지요. 그런데 시조새의 조상이라고 생각되었던 작은 육식 공룡에게는 빗장뼈를 가진 것이 하나도 없는 것입니다.

이것이 이족보행을 하는 공룡이 새로 진화하는 과정이 설명이 안 되어 여러 이견이 생긴 것입니다.

또 시조새가 날갯짓하게 된 것은 몸에 난 깃털로 벌레를 앞으로 몰아 그것을 잡아먹었기 때문이고, 그러던 중 조금씩 날게 되었다고 하는 것이 지금까지의 설이었습니다.

그런데 시조새의 발톱은 벌써 나뭇가지에 앉기에 안성맞춤으로 되어 있습니다. 이것은 정말 이상하지 않습니까?

그러나 최근 국제공동연구진이 새와 공룡 진화의 연결고리가 될 수 있는 화석을 발견해 주목받고 있습니다. 새롭게 발견된 '시유니쿠스 펜기'와 '반니큐스 불라텐시스'의 화석 연구를 통해 일부 공룡이 새와 비슷한 형태의 두개골과 작은 이빨들을 갖는 방향으로 진화했다는 것을 알아냈습니다.

깃털공룡들은 어떻게 생겨났을까요?

공룡이 깃털을 가지고 있다는 것은 피부를 덮고 있는 비늘이 깃털로 진화되었다는 것을 말해 줍니다. 처음에는 몸을 따뜻하게 하려고 진화되었지만, 점차 더 진화되어 하늘을 나는데 맞는 깃털로 발전하였어요.

깃털공룡들은 처음부터 하늘을 난 것이 아니라 높은 곳에서 뛰어내려 활공으로 날았어요. 그러나 뼛속에 공간을 만들어 몸무게를 줄여 가볍게 하고는 하늘을 마음대로 날 수 있었지요.

하늘을 날게 된 깃털공룡들은 여러 가지 형태로 진화하였어요. 깃털공룡 중 일부는 적으로부터 몸을 보호하려고 높은 곳에 둥지를 틀었지요. 일부는 먹잇감을 찾기 위해 멀리까지 비행하였어요.

원숭이가 정말 사람의 조상일까?

■ 원숭이가 사람의 조상이라면 원숭이가 미래에는 사람이 될까?
● 가장 오래된 인간의 선조는?
● 사람은 애초에 원숭이가 아니었나?
● 지금의 원숭이가 장래에 사람이 될 수 있을까?

　원숭이와 인간은 완전히 두 발로 서서 걸을 수 있느냐, 그렇지 않으냐로 구분할 수 있습니다. 인간은 두 발로 서서 똑바로 걷지만, 원숭이는 손을 땅에 짚고 등을 구부리고 걷습니다. 원숭이는 몸을 지탱하는 허리뼈의 구조가 인간과 다르기 때문이지요.
　인간의 선조는 등을 똑바로 하고 서서 두 다리로 걸을 수 있었던 원인입니다. 이 원인은 아프리카 에티오피아에서 발견되었는데, 동물학자가 지은 이름은 '남쪽의 원숭이'라는 의미인 '오스트랄로피테쿠스'입니다.
　발견된 뼈나 발자국의 화석으로 추측하건대, 그들은 직립하여 걷고 있었던 것이 확인되었습니다. 허리뼈가 옆으로 퍼져 있어서 뇌가 커져서 머리가 무거워져도 허리 윗부분을 지탱할 수 있었던 것입니다.

1992년이 저물어 갈 무렵, 아프리카의 에티오피아에서 미국, 에티오피아의 공동 조사대가 기존의 원인보다 더 오래된 라미다스 원인을 발견하였습니다.

오스트랄로피테쿠스
원인의 단계에 속하는 초기의 화석인류. 오스트랄로피테쿠스는 '남쪽의 원숭이'라는 뜻으로 불립니다.

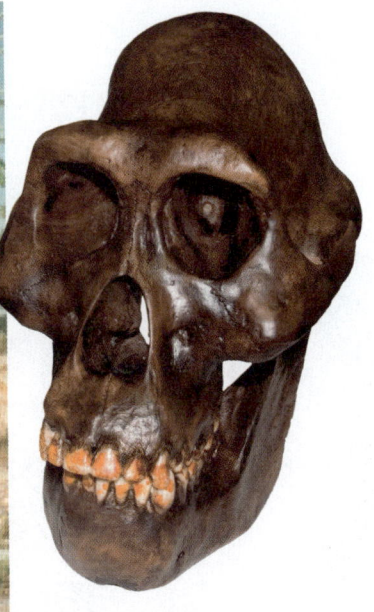

오스트랄로피테쿠스 두개골
오스트랄로피테쿠스는 유인원에서는 찾아볼 수 없는 인간다운 특징을 지니고 있습니다.

또 2001년 프랑스 포와티에 대학의 미셸 브뤼네 박사 연구팀에 의해 중앙아프리카 차드 북부의 두라브 사막에서 발견된 투마이는 600만~700만 년 전의 화석으로 알려져, 지금까지 발견된 가장 오래된 초기 인류화석 중의 하나입니다.

하지만 이 원인은 뼈의 구조로 보아 똑바로 서서 걷기는 하였지만, 치아 일부가 나무 위에서 열매를 따먹는 침팬지나 고릴라와 같은 유인원의 것과 흡사하였습니다. 즉, '몸은 원인, 치아는 유인원'으로 원숭이에서 원인이 되는 과정의, 말하자면 '원인이 되기 전의 원인'이었던 것이 밝혀졌습니다.

인간과 침팬지의 DNA는 98.8%가 유사합니다.

원숭이와 인간은 애초부터 별개의 동물입니다. 원숭이에서 조금씩 변하여 지금의 인간이 된 곳은 결코 아니지요.

원숭이가 인간이 되려면 맨 먼저 지금의 인간이 지구에서 멸종해야 할 것입니다.

왜냐하면, 어느 동물을 막론하고 현재의 지위보다 더 진보되기 위해서는 자기보다 상위 동물의 양보를 받지 않으면 안 되기 때문이지요. 하지만 지금 지구에는 인간이 상위의 동물로서, 현재로써는 사람을 대신할 만한 동물이 없습니다.

만약 인간이 멸종하고 원숭이가 살아남게 된다면, 보노보와 같이 영리한 원숭이가 나서서 인간을 대신하여 지구를 지배하는 일이 일어날지도 모릅니다.

침팬지의 아종인 보노보는 암수의 결혼 방식과 문제 해결 방식에서도 인간 사회와 매우 비슷한 모습을 띠고 있습니다.

우주에 나가면 몸에는 어떤 일이 생길까?

■ 중력이 없으면 몸에는 어떤 일이 생길까?
● 우주에는 위아래가 있을까?
● 우주에 가서 실험하는 목적은 무엇일까?
● 데려간 동물로 어떤 실험을 했을까?

아시아에서 최초로 우주여행을 한 여성은 무카이 치아키라는 일본인 의사입니다.

무카이는 1994년 7월에 미국의 우주왕복선 콜롬비아를 타고 우주로 날아가서 2주일간 생활하며 지구를 220바퀴나 돌고 왔지요. 그동안 우주 개발에 필요한 총 82개의 연구를 실험했었는데, 여러 종류의 동물들을 데리고 가서 52가지 실험에 참여했습니다.

주로 했던 실험의 요점은, '우주 멀미는 왜 일어날까?' '중력이 없는 곳에서도 생물이 자손을 번식시킬 수 있을까?' 등을 조사하고 확인하는 것이었습니다.

　인구가 지금과 같은 속도로 계속 증가한다면 얼마 안 있어 심각한 지구 자원의 부족을 겪게 될 것입니다. 환경 파괴 또한 그 진행 속도가 빨라져 지구에는 다시는 인간이 살 수 없게 될지도 모릅니다.
　그럴 때를 대비하여 우주 센터에서는 '우주에 인류의 신천지를 만들자'는 계획을 진행하고 있는데, 그 계획의 하나로 위와 같은 연구 실험을 하여 인간이 살 수 있는 환경을 만들기 위해 노력하고 있는 것입니다.

지구에는 중력이 있어서 어느 쪽이 위이고 아래인지를 누구나 다 알 수 있습니다.

그것은 우리 사람의 귓속에 있는 반고리관이라는 곳에서 몸의 평형감을 잡기 때문이지요.

하지만 우주 공간에는 중력이 없어서 몸이 균형을 잃는데, 이를 '우주 멀미'라고 합니다. 물고기의 경우 이 반고리관에 해당하는 것이 이석(동물의 귓속에 있는 칼슘 조각)인데, 이것이 제거된 물고기는 어느 쪽이 위인지 아래인지 분간을 못 하게 됩니다.

또 중력이 없는 곳에서 알을 낳으면 알의 성장이 어떤 영향을

● 금붕어의 이석 실험 ●

이석

핀셋으로 이석을 빼낸다.

이석을 뺀 금붕어   이석을 빼지 않은 금붕어

미치는가를 확인하기 위해 정어리로 실험하였습니다. 정어리 알은 막이 투명하여 내장의 변화가 잘 보이고 관찰하기가 쉽습니다.

이때 정어리는 3개의 알을 낳았다고 하는데, 원래 정어리는 최대 9만 개의 알을 낳는다고 합니다.

우주는 위아래가 없습니다. 이것들은 모두 지구의 중력에 저항해 직립 보행하는 인간에게만 존재하는 개념이기 때문입니다. 우주선 내부에서는 위아래와 같은 의미의 방향은 존재하지 않게 됩니다. 단지 편의상 어느 쪽을 위 또는 아래라고 부를 수는 있을 것입니다.

생물의 실험은 왜 하는 것일까?

미국과 러시아는 각국과 협력하여 지구에서 350~400km 떨어진 우주 공간에 길이 약 72.8m, 폭 108.5m, 무게 약 450톤이나 되는 국제우주정거장(ISS)를 몇 년에 걸쳐 발사해서 운영하고 있습니다.

생물 실험을 하는 것은 앞으로 인간이 우주에서 생활하기 위해서입니다. 국제우주정거장에서는 더욱 다양한 분야에 대한 실험을 계획하고 있습니다. 무중력 환경에서의 실험과 생산, 연구는 생명과학, 재료과학뿐만 아니라 다른 여러 분야에서 인간 생활의 편리와 우주생활에 많은 도움을 주고 있기 때문입니다.

인간은 어째서 우주에 가고 싶어 할까?

■ 많은 나라에서 우주 개발은 왜 하는 것일까?
● 지금까지의 우주 개발은?
● 현재는 우주 개발이 어떻게 되어 가고 있나?

    미국은 '아폴로 계획'의 성공으로 1969년에 최초로 인류를 달에 보냈습니다.
    그때까지만 해도 미국과 소련(지금의 러시아)은 사이가 좋지 않았습니다.
    그런데 소련이 먼저 인공위성을 쏘아 올려 우주 개발에 선두를 차지하게 되자 미국은 "이대로 지고 있을 수는 없다."고 분발하였습니다. 그리하여 결국 맨 먼저 달에 가게 된 것이지요.
    양국에 있어서 우주 개발 경쟁은 "우리가 너희보다 한 수 위다."라고 하는 대국의 위세를 뽐내는 것이자, 로켓의 기술을 무기에 이용하는 목적으로서의 경쟁이었습니다.

그런데 1991년에 소련이 개별 국가로 산산조각이 나게 되고, 뒤를 이은 러시아는 미국의 적수가 되지 못하였습니다. 그리하여 러시아는, "지금부터는 우주 개발도 협력해 나갑시다."라고 하며 화해하기에 이르렀습니다.

지상에서 우주로 쏘아 올려지는 로켓은 그 크기가 아주 대단합니다. 그렇지만 목적한 장소에는 앞부분에 설치된 자그마한 부분만 가게 됩니다. 왜냐하면, 로켓 대부분은 연료 탱크로 쓰이고 있기 때문이지요. 그러다 보니 여태까지 로켓은 모두가 한 번 쓰고 나면 버리는 형태가 대부분이었습니다.

우주로 향해 쏘아 올려지는 아폴로 11호

그러자 '이러다간 우주 개발에 쓰이는 정부의 예산이 밑 빠진 독에 물 붓기'라고 생각하고 개발하게 된 것이 미국의 우주왕복선이었습니다. 우주왕복선은 우주선을 몇 번이나 다시 쓸 수 있도록 하는 것입니다.

하지만 미국은 우주왕복선이 비싼 발사비용과 문제가 생겼을 때 승무원의 안전을 보장할 수 없는 위험으로 인해 퇴역하게 되었습니다.

오리온 다목적 유인 우주선은 현재 미국 나사가 개발 중인 우주선으로, 현재 퇴역한 우주왕복선의 뒤를 이어 미국의 차세대 유인 우주선으로 사용될 예정입니다.

최대 4명의 승무원을 탑승시킬 수 있으며 앞으로 진행될 화성 탐사에 사용될 수 있는 우주 탐사 능력을 갖추고 있습니다.

2002년 엘론 머스크는 스페이스X라는 민간우주항공사를 설립해서 우주로 보낼 수 있는 가장 작은 크기의 궤도 로켓의 개발에 힘쓰고 있습니다. 현재는 상업용 화물 운송 우주선의 재사용 비행에 최초로 성공하기도 했습니다.

꼬마상식

지금 계획 중인 우주 개발의 진짜 목적은?

인류가 계획 중인 우주 개발은 우주에서 자원을 확보하는 것입니다. 예를 들어 배터리나 전자제품에 사용되는 특수 금속이 지구에는 조금의 양밖에 없지만, 지구 바깥의 소행성에는 아주 많이 있다는 것이 밝혀졌습니다. 또 달에는 단 100g으로 석유 150톤분의 에너지를 내는 헬륨3이 놀랍게도 60만 톤이나 있다고 합니다. 우리가 이것을 이용할 수만 있다면 지구는 향후 2천 년 동안은 에너지에 대해 아무런 걱정도 할 필요가 없게 되는 것입니다.

벼락은 왜 일어나나?

- 번개는 왜 직진하지 않고 Z형을 그릴까?
  - 벼락이란 무엇인가?
  - 번갯불이 직진하지 않는 이유는?
  - 자동차 속은 어째서 벼락으로부터 안전한가?

입고 있던 스웨터를 벗을 때 '찌지직' 소리가 나기도 하고, 어떤 때는 손끝에 전기를 느낄 때도 있습니다. 이것의 정체는 '정전기'라는 것이지요. 스웨터와 셔츠가 서로 마찰하여 생기는 것입니다.

'천둥'은 이러한 마찰이 대기 중에서 큰 규모로 일어나는 것과 같습니다.

낮 동안 태양열로 따뜻해진 공기는 위로 급상승하다가 높은 상공에서 찬 공기에 부딪혀 다시 식어서 구름이 됩니다. 이 구름은 아주 작은 얼음 알갱이들로 이루어져 있는데, 그것들이 부딪칠 때마다 플러스와 마이너스의 마찰 전기를 띱니다.

벼락은 공중의 전기와 땅 위의 물체에 흐르는 전기 사이에 방전 작용으로 일어나는 자연 현상을 말합니다.

　플러스 전기 성질을 띤 얼음 알갱이는 그 성질이 가벼워서 구름 위쪽으로 올라가고, 마이너스 전기를 띤 얼음 알갱이는 무거우므로 구름 밑쪽으로 모이게 되지요. 그리고 이렇게 모인 마이너스 전기에 끌려 지면에는 플러스 성질을 가지고 있는 전기가 모이게 되는데, 이때 구름에 마이너스 전기가 계속 모여 그 양이 한계에 도달하게 되면 지면을 향해 떨어집니다. 이것이 바로 '벼락'입니다.

　이 전기가 지면으로 빠져나갈 때 방전(전기가 공중에서 흐르는 것) 현상을 일으키게 되는데, 이것이 '번개'입니다.

천둥, 벼락, 번개 등은 대기가 불안정할 때 일어나기 쉬운 현상들입니다.

원래 공기 속에는 전기가 통하지 않는데, 이렇듯 전기가 통하지 않는 공기 속을 무리하게 통과하려고 하다 보니 갈지자 형으로 떨어지게 됩니다.

전기가 통과할 때는 그 주위에 있는 공기 온도가 올라가 높은 열을 발산하기 때문에 번갯불이 빛나게 보이지요.

또 그 눈 깜짝할 사이에 일어나는 열로 인한 공기 팽창으로 폭탄이 폭발한 것과 같은 굉장한 소리를 내게 됩니다. 이것이 천둥소리입니다.

벼락의 전류는 금속이나 땅을 막론하고 그 표면에만 흐르는 성질을 가지고 있습니다. 그래서 천둥이 칠 때 동굴에 들어가 있으면 일단 안전한 것입니다.

이처럼 자동차나 전철에 벼락이 떨어져도 그 안에 타고 있는 사람이 아무 피해를 보지 않는 것은 자동차나 전철 차체가 동굴과 같은 역할을 하기 때문입니다.

벼락이 내리칠 때는 어떻게 해야 안전한가?

벼락이 떨어질 때 주변에 아무것도 없는 넓은 곳에 혼자 서 있는 것은 매우 위험합니다. 만약 그런 곳에 있을 때 천둥이 치기 시작한다면 조금이라도 파인 곳을 찾아 숨어 주변보다 몸을 낮추는 것이 안전합니다.

또 높은 나무가 근처에 있다면 될 수 있는 한 멀리 떨어지는 것이 좋습니다. 우산, 허리띠 등과 같은 금속 물질은 몸에서 풀어서 멀리하고, 자세를 낮추어 웅크리는 것이 안전하지요.

도심지에 있을 때는 될 수 있는 한 철근 콘크리트의 건물 속, 그중에서도 1층이나 지하실로 피하는 것이 안전합니다.

벼락은 높은 곳을 때리기 때문에 키가 큰 나무 옆은 피해야 해요.

운석은 어디에서 오는 것일까?

■ 운석, 별똥별, 혜성은 같은 것인가?
● 운석을 어떻게 구별할까?
● 운석은 우주 어디에서 오는 것일까?
● 운석은 얼마나 많이 떨어지는가?
● 운석의 크기는 얼마나 될까?
● 운석이 도중에 왜 산산조각이 나는 것일까?
● 큰 운석이 떨어지면 어떻게 될까?
● 혜성의 정체는 무엇인가?
● 혜성의 꼬리는 어떻게 생길까?
● 별똥별과 혜성은 같은 것인가?

　우주에는 바위의 파편 등 크고 작은 여러 가지 물질이 헤아릴 수 없이 많이 떠다니고 있습니다. 이것이 지구가 잡아당기는 힘에 이끌려 떨어지게 되면, 굉장한 속도로 떨어지면서 공기와의 심한 마찰로 열을 내면서 타게 됩니다. 보통 다 타버려서 먼지가 되어 버리지만, 다 타버리지 않고 지상으로 떨어지는 것이 '운석'입니다.

　화성과 목성 사이에는 셀 수 없을 정도로 많은 작고 큰 소행성들이 모여 있는 소행성대가 있습니다. 이 소행성 중에서 어떤 무리는 화성과 목성 사이에서부터 시작하여 지구와 태양의 거

운석은 지구 밖의 천체가 지구 중력에 이끌려 낙하한 것을 말합니다.

리보다 더 가깝게 태양에 접근하여 돌고 있는 것이 있습니다.

지금까지 알려진 바로는, 이런 소행성이 지구에 가까이 와서 지구의 인력에 끌리게 되어 떨어지게 되는 것이 아닌가 추측됩니다.

바다나 깊은 산 등, 사람의 눈에 띄지 않는 장소에 떨어져서 잘 알 수 없는 것도 있어서 정확한 것은 잘 모릅니다. 게다가 운석은 지상으로 떨어지는 도중에 산산조각이 나서 먼지가 되어 버리는 경우가 대부분입니다. 사람의 눈에 띄게 되는 경우는 전 세계적으로 1년간 10개 정도에 불과합니다.

시속 10km 이상의 속도로 날아온 운석이 지구의 대기에 닿게 되면 공기와 마찰로 인해 표면 온도가 굉장히 높아집니다. 하지만 그 속은 차가우므로 산산조각이 나버리는 것입니다. 유리병에 펄펄 끓는 뜨거운 물을 넣으면 유리병에 쫙 금이 가면서 깨지는데, 운석도 그와 같은 상태가 되기 때문입니다.

미국 애리조나 주에 배린저 운석공이라는 구멍이 있는데, 지름이 1,280m이고 깊이가 170m입니다. 이것은 크레이터라고 하여 2만 년이나 전에 수만 톤의 운석이 떨어졌을 때의 폭발로 생긴 구멍입니다.

달 표면에 많이 있는 크레이터도 모두가 이 운석이 떨어져서 생긴 구멍입니다.

달 표면에 보이는 움푹 파인 큰 구덩이 모양의 지형은 운석의 충돌로 생긴 것으로 판명됩니다.

애리조나 운석공
미국 애리조나 주 윈슬로 시의 서쪽에 있는 거대한 운석구덩이로, 지름 1.2km, 깊이 170m, 낙하한 운석은 지름 100m라 추정되며, 발견자의 이름을 따서 배린저 운석구덩이라고도 부릅니다.

지금까지 발견된 운석 중에 가장 큰 것은 서남아프리카의 호바 운석으로, 무게가 대략 65톤이나 됩니다.

운석이 지상에 충돌하면 대폭발은 물론, 충격으로 많은 먼지를 일으키게 되어 하늘을 덮어 버리게 되므로 태양열이 도달되지 않아 지구의 온도가 갑자기 떨어지게 됩니다.

약 6,500만 년 전에 지구에 살던 공룡이 갑자기 멸종한 것은, 중앙아메리카의 유카탄 반도 근처에 지름 10km의 큰 운석이 떨어졌고, 그 여파로 지구가 갑자기 식어 버렸기 때문이라고 생각하는 사람도 있습니다.

운석의 충돌로 공룡이 멸종되었다는 운석충돌설이 학자들로부터 발표되었어요.

지름이 그 1,000분의 1이 되는 10m 정도의 운석이라도 일본의 히로시마나 나가사키에 떨어진 원자 폭탄에 버금가는 파괴력이 있다고 할 정도입니다.

혜성은 우주 공간에서 생겨난 얼음덩어리입니다. 돌이나 금속도 포함하고 있지만, 80%는 얼음이지요. 얼음덩어리에 가스나 먼지가 섞여 있는 혜성의 정체는 마치 더러워진 눈사람과 같다고 할 수 있습니다.

그러나 긴 꼬리를 늘어뜨리며 어두운 하늘을 가로지르는 혜성을 아주 옛날 사람들은 뭔가 나쁜 일이나 이상한 일이 일어나기 전의 징조라고 하여 불안하게 생각했습니다.

'빗자루 별'이라 부르는 혜성은 우주 공간에서 생겨난 거대한 얼음덩어리입니다.

혜성도 태양의 주위를 도는데, 태양에 가까워짐에 따라 얼어 있던 먼지나 가스가 태양열로 인해 증발하게 되어 뿜어 나오게 됩니다.

이렇게 뿜어져 나온 가스가 태양에서 발산되는 독특한 물질이나 빛에 쓸려 내려가 태양과는 반대 방향으로 늘어나게 됩니다. 그러니까 혜성은 태양에 접근하면 접근할수록 꼬리가 길어지게 됩니다.

'빗자루별'이라고도 하는 것은 이 꼬리의 모양이 빗자루와 닮았기 때문입니다.

별똥별(유성)은 지구에 떨어지는 운석이나 우주의 먼지가 공기와 마찰하여 타게 되는 것이고, 혜성은 우주의 여기저기를 계속해서 돌고 있는 것입니다.

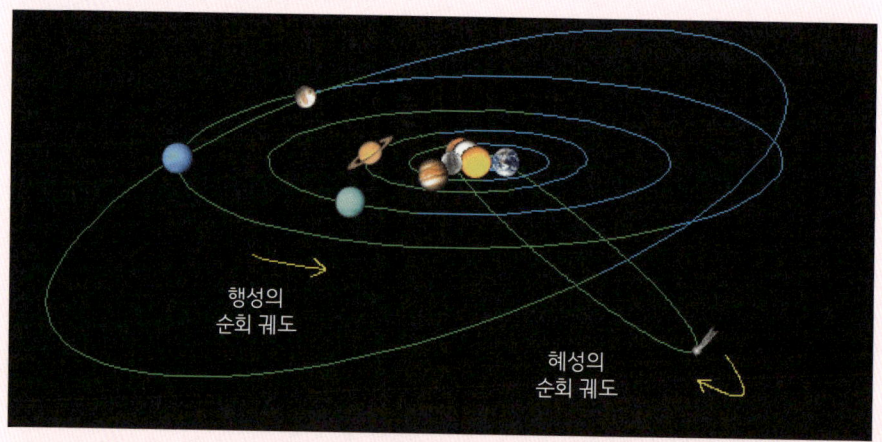

지구는 원에 가까운 모양으로 태양의 주위를 돌고 있어서 태양과의 거리는 그다지 변하지 않습니다. 그러나 한편 혜성은 아주 길고 가는 타원형으로 돌고 있어서 대부분의 시기를 태양에 가까이 오기까지는 긴 세월이 걸리게 되지요.

언제 태양에 가까워질는지 알 수 없는 혜성도 있고, 어느새 없어지고 마는 혜성도 있습니다.

75.3년마다 오는 핼리 혜성

혜성 가운데 유명한 것은 1986년에 나타난 핼리 혜성입니다. 이 혜성은 지름이 약 10km로 태양에 가까이 접근했을 때의 꼬리 길이가 8천만km나 됩니다. 굉장히 화려한 모양을 하고 있어서 사람들은 이 혜성을 기록에 남겨 왔습니다.

지금으로부터 250년쯤 전, 에드먼드 핼리라고 하는 천문학자는 이 혜성이 지나는 길을 계산하여 "76년 후에 돌아온다."고 발표하였는데, 그 발표대로 다시 돌아온 것에서부터 혜성이 타원으로 돌고 있다는 것이 알려지게 되었습니다.

헤일밥 혜성이란 어떤 별인가?

1997년 3월부터 5월에 걸쳐 지구에 굉장히 가깝게 접근한 혜성이었는데, 맨눈으로 보일 정도의 밝기였던 것이 특징입니다.
1995년에 미국의 아마추어 천문학자인 엘런 헤일와 토마스 밥이라는 사람이 각각 우연히 발견하게 된 것에서 두 사람의 이름을 합쳐 이름 붙이게 되었습니다.

모기에게 물리면 왜 가려울까?

■ 모기나 벌은 왜 사람을 쏠까?
● 모기가 왜 피를 빨아먹을까?
● 모기가 물면 왜 가려운가?
● 가장 무서운 벌은 무엇일까?
● 말벌은 어떤 곳에 집을 짓나?

　모기나 벌이라고 하여 무조건 사람을 쏘는 것은 아닙니다. 모기도 암컷만 동물의 피를 빨지, 수컷은 피를 빨지 않습니다. 모기도 벌도 주로 꽃의 꿀을 빨아 먹고 삽니다.
　암모기가 피를 빨아먹는 것은 알을 낳기 전에 알을 만드는 데 필요한 단백질을 섭취하기 위해서입니다.
　모기의 알은 한 개의 크기가 1mm도 안 되지만, 암모기는 이 알을 만들기 위해서 자기 몸무게의 2~3배나 되는 양의 피를 빨아 먹는다고 합니다.

모기는 암컷 모기만이 피를 빨아 먹는답니다.

우리가 모기에게 물렸을 때 가려운 것은, 모기는 피를 빨기 전에 피가 굳는 것을 막기 위해 타액을 주입하기 때문입니다. 이 물질이 몸 안에서 항체반응을 일으켜 가려움을 일으킵니다. 그런데 가렵다고 해서 계속 긁으면 몸의 상처를 치료하기 위해 히스타민 성분이 계속 나와서 더 가려워지게 됩니다. 모기에게 물린 부위를 짜내거나 바늘로 따면 모기의 타액 성분이 빠져나와 간지럽지 않게 됩니다.

꼬마상식

모기가 무서운 까닭은?

암모기는 산란기가 되면 닥치는 대로 동물의 피를 빨아먹지요. 물어서 가렵기만 하다면 무서울 것이 없지만, 병에 걸린 소나 돼지를 물었던 모기가 사람을 물게 되면 이때 병을 옮기기 때문에 무섭다는 것입니다.

모기가 옮기는 무서운 병

일본뇌염모기 – 일본뇌염
학질모기 – 말라리아
줄무늬모기 – 사상충증
열대줄무늬모기 – 황열
숲모기 – 뎅기열

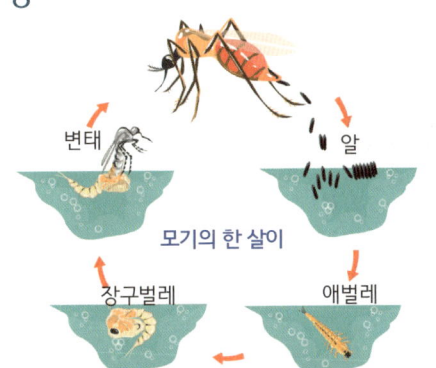

말벌은 원래 숲속에서 나무 수액 등을 빨아먹으며 살았습니다. 그런데 인간이 숲의 나무를 잘라 내고 그곳에 집을 짓고 살았기 때문에 말벌과 인간이 같은 곳에 살게 되었습니다.

숲에는 왕말벌이 있어서 다른 말벌을 습격하는 예도 있습니다. 그렇지만 왕말벌은 흙 속이나 푹신푹신한 장소 이외에는 벌집을 만들지 않습니다. 그러므로 딱딱한 장소가 많은 도시에서는 살 수가 없지요.

이에 반해 노랑말벌과 같은 작은 말벌은 장소를 가리지 않고 벌집을 만들기 때문에 그 수가 많아졌습니다. 게다가 인간이 눈치채기 전에 집을 만들기 때문에 매우 성가신 존재입니다. 하지만 원래 말벌이 사는 곳에 인간이 들어와 집을 지었기 때문에 된 것이므로, 그들도 자기방어를 위해 필사적이라는 점은 이해가 갑니다.

말벌에게 쏘이지 않으려면 다음을 주의합시다.

. 벌집 근처에 가지 맙시다.
. 벌집 근처에서 떠들지 맙시다.
. 벌집 근처에서 검은 물건을 몸에 달지 맙시다. 말벌은 검은 물건에 모이는 습성이 있습니다.
. 벌에 쏘였을 때는 바로 병원에 갑니다. 벌에 쏘인 것뿐이라고 가볍게 생각하면 위험할 수도 있습니다.

말벌의 집
말벌은 장소를 가리지 않고 집을 짓기 때문에 말벌의 집이 발견되면 안전한 곳으로 피해야 하고 바로 신고를 해야 합니다.

환경 호르몬이란 무엇인가?

- 환경 호르몬은 인간에게 어떠한 영향을 주나?
- 환경 호르몬은 무엇이 문제인가?
- 환경 호르몬은 어떤 종류가 있나?

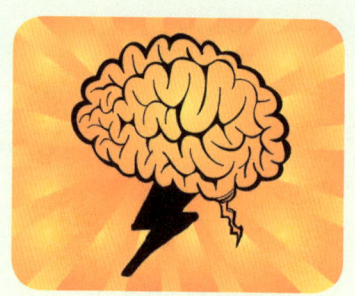

 몸 안에서 만들어지는 화학 물질을 호르몬이라고 합니다.
 본래 우리 몸 안에 있는 심장이나 위, 팔다리 등은 뇌에서 내리는 명령을 몸속의 여러 가지 호르몬이 전달해 주는데, 전달하는 명령에 따라 많은 종류의 호르몬이 담당하고 있습니다.
 뜀박질하고 있을 때는 뇌가 심장에 "좀 더 빨리 움직여"라는 명령을 내리고, 방광에 오줌이 차면 "오줌이 마렵다."는 느낌을 주는 명령을 내리기도 하지요.
 그런데 원래 동물의 몸속에 있는 호르몬이 아니라 몸 밖, 즉 환경으로부터 몸속에 들어와 진짜 호르몬 행세를 하며 몸의 상태를 이상하게 만들어 버리는 화학 물질이 있습니다. 이 물질을 통틀어서 '환경 호르몬'이라고 합니다.

환경 호르몬이 우리 몸속의 호르몬과 똑같은 역할을 하고 있어서 문제가 됩니다.

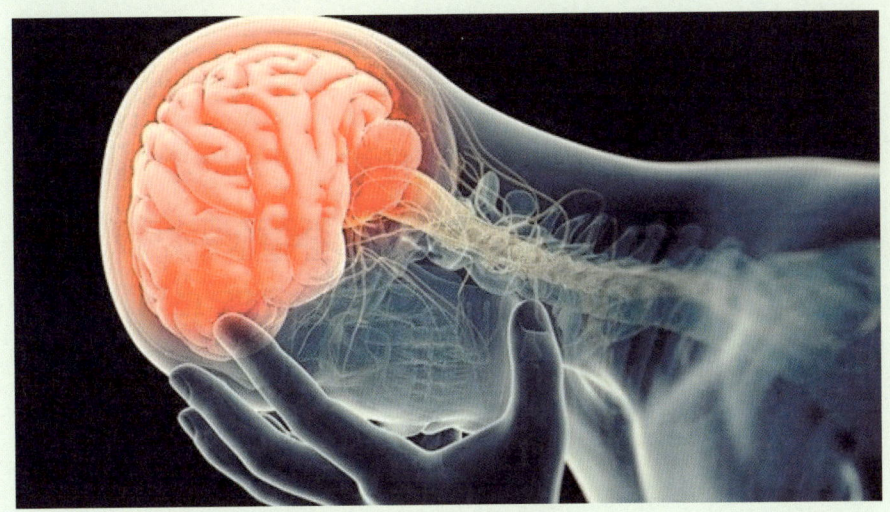
사람의 뇌는 호르몬을 통해 여러 장기의 명령을 내립니다.

엄마의 배 속에서 자라는 태아도 호르몬의 명령을 받고 자라는데, 처음 만들어지려고 하는 순간에는 남자든 여자든 비슷한 모양을 하고 있습니다.

거기에 호르몬이 와서 남자 아기에게는 "남자가 되어라.", 여자 아기에게는 "여자가 되어라."라는 명령을 전달하게 됩니다. 그렇게 해서 남자 아기는 남자의 몸으로, 여자 아기는 여자의 몸이 되는 것이지요.

그런데 환경 호르몬의 하나인 '다이옥신'이라는 화학 물질은 엄마 뱃속의 태아에게 "여자가 되어라."는 명령을 내린다고 합니다.

이때 여자 아기가 자라고 있다면 문제가 없는데, 본래 남자 아기가 자라고 있다면 문제가 생기는 겁니다. 남자 아기가 자라고 있는데 이 가짜 호르몬이 여자가 되라는 명령을 내리게 되면, 이 아기는 완전한 남자의 몸이 되지 못한 채 세상에 태어날지도 모릅니다.

환경 호르몬은 정상적인 호르몬이 우리 몸에서 만들어지거나 작용하는 것을 방해합니다.

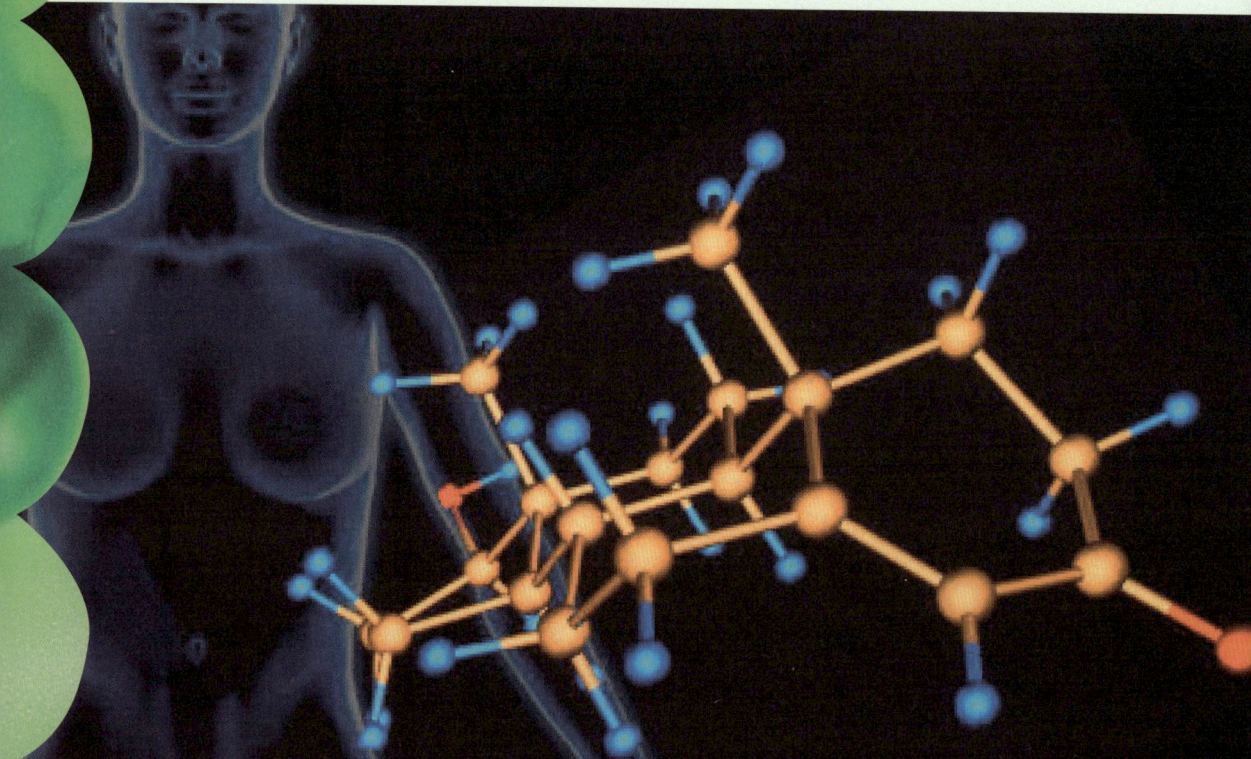

그렇게 되면 나중에 결혼하여 아빠가 되려고 해도 몸이 남자의 역할을 하지 못하기 때문에 아기를 낳을 수 없는 경우가 생길지도 모른다고 합니다.

이렇듯 환경 호르몬은 야생의 동물은 물론 인간에게도 큰 영향을 주기 때문에 심각한 문제가 되고 있습니다.

환경 호르몬은 아주 적은 양으로 인간을 비롯한 생물에 많은 영향을 주는 것으로 밝혀졌습니다. 극소량으로도 심각한 영향을 주기 때문에 그것을 찾아내기란 여간 어렵지 않습니다.

그리고 어떤 것이 환경 호르몬을 분비하는 것이고 어떤 것이 분비하지 않는 것인지, 그것도 확실히 알지 못합니다.

꼬마상식

내분비 교란 물질인 환경 호르몬

환경 호르몬은 내분비 교란으로 태아의 성별을 변화시키는 혼란을 일으키기도 합니다.

미국에서는 1만 5천 종류의 화학 물질을 조사하여 환경 호르몬을 밝히고 있답니다.

축구는 언제 생겨난 스포츠인가?

■ 풋볼과 축구는 어떻게 다른가?
● 축구는 어디에서 생겨난 스포츠인가?
● 축구가 스포츠로 변신한 것은 언제쯤인가?
● 사커라는 명칭은 어디에서 시작되었나?

　축구는 영국에서 생겨난 것으로 원래는 그저 공을 난폭하게 발로 차는 거칠기 짝이 없는 놀이였습니다.
　현재 우리가 즐기고 있는 스포츠로 변한 것은 1863년부터입니다. 이 놀이를 즐기던 사람들이 모여서 창설한 '축구협회(FA)'가 놀이의 공통 규칙을 정하고부터 오늘날의 축구가 시작된 것입니다.
　공차기 놀이는 옛날부터 세계 각지에 있었습니다.
　11세기경, '바이킹'이라 불리는 북유럽인들이 영국을 공격해 왔습니다. 바이킹은 바다를 떠돌며 사는 해적이었는데, 땅에 정착하여 살고자 했기 때문이었지요.

축구장의 골문은 옛날 마을 입구의 문이었다고 합니다.

　원래부터 그곳에 살고 있던 원주민들은 이렇게 쳐들어온 바이킹을 물리쳤고, 승전을 축하하며 싸움에서 벤 적의 머리를 찼습니다. 이것이 축구의 기원이라고 합니다.
　그러다가 약 100년이 흐른 뒤 이번에는 마을과 마을끼리 경쟁하여 먼저 상대 마을의 입구에 있는 문에 공을 차 넣는 게임으로 변하였습니다. 마을 입구에 서 있는 문이 지금의 축구장에 있는 골문인 셈입니다.

14세기에 이르자 이 공차기 놀이는 동네 길거리에서도 흔히 볼 수 있을 정도로 유행하기 시작했습니다. 이 때문에 다른 사람에게 피해를 주는 일도 있었고, 너무 거칠어서 국왕이 금지하라는 지시를 몇 번이나 내릴 정도였습니다. 그래도 공차기 놀이는 여전히 영국인에게 사랑을 받아 계속 유행하였습니다.

　19세기에 이르자 이 공차기 놀이는 부유한 계급의 자녀가 들어가 공부하는 학교에서도 성황을 이루게 되어 점차 대학과 사회로 번져 나갔습니다.

　곧이어 이 경기를 좋아하는 사람들이 모여 '풋볼협회'를 만들어 규칙을 정하게 되었습니다. 그리고 이 협회가 만든 규칙에 따른 경기를 '어소시에이션 풋볼'이라고 불렀습니다.

전세계 축구 대잔치 월드컵

단일 종목으로 열리는 스포츠 행사 중 세계적으로 가장 큰 규모를 가진 대회로, 4년을 주기로 올림픽이 열리는 해를 중심으로 2년 전후로 개최됩니다. 올림픽이 도시를 중심으로 개최되는 데 반해 월드컵은 국가가 중심이 되어 열린다는 데서 그 차이가 있습니다. 또 축구라는 단일 종목이 한 달 동안 진행되는데 이는 타 스포츠 종목에서는 찾아 볼 수 없는 일이랍니다.

미국에서 사용하는 축구를 가리키는 용어인 사커(socc + er)라는 명칭은 원래 어소시에이션 풋볼(association football)을 줄여 영국에서 붙인 것입니다. 그저 '풋볼'이라고 하면 럭비, 축구, 미식축구(아메리칸 풋볼) 등도 모두가 풋볼이 되기 때문에 이와 구별하기 위해 영어의 어휘를 짧게 하여 '사커'라는 말을 만든 것입니다.

그러나 실제로 축구를 사커라고 부르는 나라는 미국과 아일랜드 정도에 불과하며, 거의 모든 나라에서는 일반적으로 풋볼이라고 합니다.

축구에서 왜 손을 쓰면 안 되나?

■ 오프사이드는 왜 있나?
● 축구도 손을 사용할 수 있었던 때도 있었나?

 아직 축구라고 부르지 않던 시절에는 손이나 발을 모두 쓸 수가 있습니다. 어떻게든 먼저 한 점을 넣은 쪽이 이기는 것이었습니다.

 그러나 공을 손에 쥐고 뛰면 골까지 곧 도달하게 되어 순식간에 승부가 나기 때문에 재미가 없었습니다. 그래서 지금으로부터 약 150년 전에, "앞으로는 손으로 공을 만지면 안 되는 것으로 하자."라는 의견이 나오기 시작했습니다.

 "손을 쓰지 않게 되면 그만큼 높은 기술이 필요하게 된다. 이런 어려움이 신사의 스포츠가 아닌가?"라고 설득하는 사람이 있는가 하면, 한편에서는, "공을 발로 차기만 하면 속도감이 없다. 그래서 손을 쓰게 되면 몸을 상대방에게 부딪쳐 공을 빼앗아 갈 수도 있다. 이것이야말로 참다운 사나이의 스포츠가 아닌가?"라고 주장하는 사람도 있어서 양쪽의 이견이 좀처럼 좁혀지지 않았습니다.

하지만 결국은 손을 쓰지 않기로 하자는 의견이 많아져 축구라는 스포츠가 태어난 것입니다.

"손을 쓰자"고 주장한 사람들은 종전과 같이 손으로 공을 들고 달리는 스포츠를 계속하게 되어, 이것이 럭비로 발전했다고 합니다.

럭비는 축구와 다르게 손으로 타원형 공을 잡고 상대방 골문에 넣는 경기입니다.

꼬마상식

럭비공은 왜 타원형일까?

초기의 럭비공은 상당히 무거운 것이었습니다. 언제인가는 명확하지 않지만 영국의 어느 학교에서 럭비를 하던 선수들이 공 만드는 공인(工人)에게 찾아가 가벼우면서도 차면 멀리 날아가는 공을 만들어 달라고 청을 했습니다. 공인은 시험 삼아 돼지의 방광을 튜브로 만들어 부풀려 본 결과 가벼우면서 멀리 날아가는 공이 됐다고 합니다. 그러나 돼지의 방광은 가늘고 길어 아무래도 타원형 모양이 될 수밖에 없었습니다. 이것이 럭비공 모양의 유래가 되었습니다.

근대 럭비는 영국에서 12세기경부터 청소년들 사이에 성행되던 풋볼의 일종에서 유래됩니다. 한 때 국왕의 금지령이 내려진 때도 있었으나 더욱 성행해 왔습니다.

오프사이드라는 것은 골문 앞에서 '매복'을 못 하게 하려고 만든 규칙입니다.

골키퍼를 제외한 상대 수비수보다 골문 가까운 곳에서 기다리다가 공이 오면 쉽게 골문으로 차 넣는 것, 이것이 오프사이드라는 반칙입니다.

골키퍼 혼자만 있는 적의 골문 가까이에 매복해서 기다리고 있다가 공이 왔을 때 재빨리 골인을 시키게 되면 게임이 재미없어집니다. 그래서 오프사이드 규칙을 만든 것입니다.

품위를 소중히 여기는 영국인이 만들어 낸 스포츠인지라 신사답지 못한 것은 규칙 위반이 됩니다. 이러한 반칙을 만든 것도 축구를 흥미 있게 만들려는 방편입니다.

오프사이드는 공격팀 선수가 상대편 진영에서 수비수보다 골문 쪽에 더 가까이 있을 때 적용되는 반칙입니다.

▌올림픽은 언제부터 시작되었나?

- ■ 올림픽의 오륜은 어떤 의미가 있는가?
- ● 올림픽은 누가 처음 시작하였나?
- ● 올림픽은 왜 4년에 한 번씩 열리나?
- ● 성화는 언제부터 등장하였나?
- ● 겨울 올림픽은 언제부터 개최되었나?
- ● 오륜의 의미는 무엇인가?
- ● 올림픽의 개최지는 누가 결정하나?

지금으로부터 2,700여 년 전, 전쟁이 계속되던 그리스에서는 '올림픽 휴전'이라고 하여 전쟁을 쉬기 위해 4년에 한 번씩 스포츠 축제를 열었습니다. 이 축제 동안은 전쟁을 중단했습니다.

이것이 올림픽의 시초가 되었습니다. 프랑스의 피에르 드 쿠베르탱이라는 사람은 전쟁을 아주 싫어하는 사람이었습니다. 이 사람은 옛날 그리스에서 스포츠 축제가 있을 때는 전쟁을 중단했었다는 것을 알고 그것을 부활시킬 생각을 하였습니다.

쿠베르탱은 세계를 향하여 옛날 그리스의 스포츠 축제를 열 것을 주장하였습니다. 그리하여 마침내 1896년 그리스 아테네에서 제1회 대회가 개최되었습니다. 이것이 '근대 올림픽'의 시초입니다.

  제1회 대회에 참가한 나라는 14개국뿐이었습니다. 그러나 쿠베르탱은 "올림픽에서 중요한 것은 이기는 것이 아니라 참가하는 것이다."라고 힘주어 말하였는데, 이것이 곧 올림픽 정신이 되었습니다.

꼬마상식

피에르 드 쿠베르탱

파리에서 태어난 쿠베르탱은 프로이센과 전쟁이 일어날 무렵, 교육 혁신의 뜻을 품고 영국과 미국에서 유학했습니다. 그러면서 스포츠가 청소년의 교육에 큰 영향을 미친다는 것을 절실히 느꼈습니다. 그즈음 독일 고고학자에 의한 올림피아 유적의 발굴이 성공하자, 고대 올림픽 대회의 전모가 드러나게 되었습니다. 그는 이 대회를 부활시켜 여러 나라 청년들을 올림픽으로 묶어 세계 평화에 이바지하도록 하겠다고 생각하였습니다. 1892년 그의 의견을 널리 발표하고, 1894년 국제 올림픽 위원회를 조직하여 그 위원장이 되었습니다. 그리하여 제1회 올림픽 대회를 1896년 역사적으로 유서 깊은 그리스의 아테네에서 개최하였습니다.

고대 그리스 올림픽은 4년마다 열렸습니다. 참고로 당시의 달력은 현재의 달력으로 치면 4년이 1년이었던 '올림피아드'라는 달력을 쓰고 있었습니다. 그래서 근대 올림픽은 4년에 한 번씩 개최하게 되었습니다.

1928년에 암스테르담에서 올림픽이 열렸을 때 경기장 위에 불을 피운 것이 성화의 처음입니다. 성화 릴레이는 그로부터 8년 후인 베를린 대회 때부터 시작했습니다.
　그리스의 올림피아드에서 채화된 불은 릴레이 해서 개최지까지 운반됩니다. 이 성화 릴레이에 광고를 위한 후원회사가 참여하게 된 것은 1992년 바르셀로나 대회 때입니다.

그리스의 신전에서 태양광을 채화하는 장면입니다.

처음에는 육상 경기나 수영 등 여름 스포츠만을 경기 종목으로 했었는데, 1908년 제4회 런던 대회 때부터 겨울 스포츠도 경기 종목에 포함했습니다. 맨 처음 실행된 것이 피겨 스케이트입니다. 이것을 계기로 1924년에는 프랑스의 샤모니에서 제1회 동계 올림픽이 개최되었습니다.

　올림픽 상징 마크는 IOC(국제 올림픽 위원회)에서 정한 것입니다. 5개의 고리는 "지구에 있는 5개 대륙이 하나 되어 평화롭게 살아가자."라는 뜻이 담겨 있습니다. 또 오륜의 다섯 가지 색은 세계 여러 나라의 국기에 많이 쓰인 색을 고른 것입니다.

그러나 이를 두고 인종차별 논란이 거세지면서 1976년부터는 공식적으로 이 해석을 없애버렸습니다. 대신 바탕색인 흰색과 원형의 색인 5가지 색은 '세계 여러 나라 국기에 가장 많이 쓰이는 색상들'을 가리킴으로써 전 세계를 의미한다는 해석으로 바꾸었습니다.

올림픽 개최지는 IOC가 결정합니다.
IOC는 쿠베르탱의 요구로 1894년에 파리의 소르본 대학에서 창설되었습니다. 개최지 선정이나 대회의 상징 마크 등 올림픽에 관련된 여러 가지 사항은 여기에서 모두 결정합니다.
2004년에는 올림픽이 최초로 시작된 그리스의 아테네에서 올림픽이 개최되었습니다.

꼬마상식

서울 하계 올림픽과 평창 동계 올림픽

대한민국은 1988년 하계 올림픽과 2018년 동계 올림픽을 개최했습니다. 뿐만 아니라 2002년 한일 월드컵도 개최하여 세계인에게 주목을 받았습니다.

제24회 서울올림픽대회는 '화합·전진'의 기치 아래, 전세계 160개국이 참가해 올림픽사상 최대 규모로 진행되었습니다.

1981년 9월, 올림픽의 서울 개최가 결정된 후부터 온 국민의 기대와 전세계의 관심 속에 준비가 진행되어, 경기가 개최된 16일 간 뿐만 아니라 이전, 이후의 모든 일정이 성공리에 끝을 맺었습니다.

이 대회에서 한국은 종합 4위를 차지했는데, 스포츠 뿐만 아니라 한국의 고유 문화와 우수한 경기 운영 역량을 전세계에 널리 알리는 계기가 되었습니다.

2018년 강원도 평창에서 열었던 동계 올림픽은 대한민국에서는 최초로 개최되는 동계 올림픽이며 서울에서 개최된 1988년 하계 올림픽 이후 30년 만에 대한민국에서 개최된 두 번째 올림픽입니다. 아시아에서는 일본 나가노에서 개최된 1998년 동계 올림픽 이후 20년 만에 3번째 개최이기도 합니다.

도핑 검사란 어떤 검사인가?

■ 도핑이 적발되면 어떻게 되는가?
● 도핑이란 무엇인가?
● 왜 약물 사용을 금지하는 것인가?
● 도핑 검사는 어떻게 하나?
● 어떤 선수들이 복용하고 있었나?

　스포츠 선수가 근육을 강하게 하거나 몸을 흥분시키기 위해서 쓰지 말라고 금지된 약을 먹는 것을 '도핑'이라고 합니다.

　흥분제나 근육 강화제를 마시거나 주사를 맞으면 좋은 기록을 내거나 시합에서 이기기도 합니다. 또 금메달을 따면 많은 상금을 주는 나라도 있어서 금지하고 있음에도 불구하고 몰래 마시는 선수가 있는 것입니다.

　그러나 스포츠 경기에서 좋은 기록을 내기 위해 약물을 사용하는 선수가 있다면 공정한 시합이 될 수 없습니다. 그래서 선수들이 약물을 복용하고 있는가를 조사합니다.

　이것이 '도핑 검사'입니다.

도핑 검사를 하는 이유는 약을 사용한 선수보다 사용하지 않는 선수가 불리해지기 때문이며, 무엇보다도 몸에 좋지 않기 때문에 금지하고 있습니다.

　특히 그런 약에는 남성 호르몬 등이 들어있는 경우가 많아 여성이 복용하면 수염이 나거나 목소리나 체격이 남성과 비슷해질 우려가 있습니다. 그리고 간장이나 신장도 나빠집니다.

　1960년의 로마 올림픽 때 덴마크의 자전거 선수 한 사람이 몸을 흥분시키는 약인 암페타민을 많이 먹어 목숨을 잃었습니다. 이것이 계기가 되어 올림픽에서는 도핑을 엄하게 다스리게 되었습니다.

근육 강화제는 일시적으로 몸의 상태를 끌어올릴 수 있으나 매우 위험한 약물입니다.

정식으로 검사를 시작하게 된 것은 1968년 프랑스의 그르노블 동계 올림픽 대회 때부터입니다.

도핑 검사는 아주 간단하여 보통 선수의 소변을 검사하는 것만으로 끝이 납니다. 약은 복용을 중지하고 2~3주일이 지나도 소변에 섞여 나오기 때문이지요.

스포츠에서 약물 복용은 정의롭지 못한 이기주의입니다.

어떤 선수들은 약을 먹어 온 것을 감추기 위해 소변을 많이 나오게 하는 이뇨제를 쓰기도 합니다. 즉, 도핑을 감추기 위해 계속해서 약을 쓰게 되는 것입니다. 하지만 이것도 역시 소변 검사를 하면 곧 밝혀집니다. 대표적인 예가 캐나다의 육상 단거리 선수였던 벤 존슨입니다.

벤 존슨은 1988년 서울 올림픽에서 100m를 '9초 79'라는 세계 신기록을 세우며 우승하였습니다. 그러나 스테로이드라는 근육 강화제를 쓴 것이 뒤늦게 밝혀져 금메달을 빼앗기고, 그 벌로 2년 동안 공식 시합에 출전하지 못하게 되었습니다.

　그런데 그 후 또다시 약물 복용 위반으로 스포츠에서 영구히 추방되고 말았습니다.

　소변 검사보다 자세히 파악해야 할 때는 혈액 검사가 이용된다. 일정량의 피를 뽑은 후 피에서 해당 약물을 추출하는 방식인데 검사 신뢰도도 소변 검사보다 월등히 높다는 장점이 있어 2000년 시드니 올림픽부터 혈액 검사를 병행하여 도핑 검사를 진행하였습니다.

벤 존슨은 1988년 서울 올림픽에서 100m 금메달을 땄지만, 도핑 검사에 걸려 실격되었습니다.

멀티미디어란 무엇인가?

■ 멀티미디어로 어떤 것을 할 수 있는가?

　컴퓨터가 아주 빠른 속도로 발전하여 손바닥에 올려놓을 수 있는 크기로 줄어들면서 여러 가지 이용 방법으로 누구나 손쉽게 사용할 수 있게 되었습니다. 그리고 컴퓨터를 중심으로 한 '멀티미디어의 시대'가 되었습니다.

　멀티란 '많은'이란 뜻이고, 미디어는 '정보를 전하는 방법'이라는 의미입니다. 여태까지도 방송, 영화, 신문, 잡지, 전화, 팩스 등 많은 미디어가 있었기 때문에 여러분은 이미 멀티미디어를 이용하고 있는 셈이지요.

　그런데 요즘 들어 새삼스럽게 멀티미디어에 대하여 더욱더 많은 이야기를 하는 것은 다른 의미가 있기 때문입니다.

초창기의 컴퓨터는 수십억 원이나 하는 비싼 값이었기 때문에 관청이나 대학의 연구소, 큰 회사에서만 사용할 수 있었습니다. 그런데 일반인도 살 수 있을 정도로 저렴한 컴퓨터가 나오게 됨으로써 모두가 구매하여 쓸 수 있게 되었고, 이러한 컴퓨터를 개인용 컴퓨터, 줄여서 PC라고 부르게 되었습니다. 이제는 예전의 대형 컴퓨터보다 우수한 성능을 가진 개인용 컴퓨터를 아주 싼 값에 살 수 있게 되었습니다.
　여러분이 쓰고 있는 게임기나 스마트폰도 개인용 컴퓨터라고 할 수 있습니다. 이것들로 그림을 그리고 음악도 들을 수 있지요.

개인용 컴퓨터의 보급으로 많은 사람과 정보를 주고받을 수 있습니다.

거기다가 인터넷 통신 등 다양한 미디어가 끊임없이 쏟아져 나오고 있으며, 이러한 것들이 바로 지금 세상을 주도하고 있는 멀티미디어라는 것입니다.

　기존의 미디어는 인쇄 공장이나 방송국에서 만들어진 것을 가정이나 서점으로 보내고, 이용하는 사람은 이를 다 완성된 형태로 받아 보는 것뿐이었습니다.
　하지만 지금은 개인용 컴퓨터와 인터넷, 케이블 TV의 전선을 통해서 여러 가지 정보를 주고받을 수 있게 되었는데, 이러한 점이 전과는 다른 점이라고 할 수 있지요.

 꼬마상식

멀티미디어로 집에 있으면서 이런 일이 가능합니다!

- 학원에 직접 가지 않고 수업을 받을 수 있습니다.
- 화면을 보고 사고 싶은 것을 골라 주문할 수가 있습니다.
- 새로운 게임이 바로 손에 들어오며 인터넷을 통해 바로 즐길 수 있습니다.
- 노래방 기능을 합니다.
- 영화관에 가지 않아도 영화나 동영상을 볼 수 있습니다.
- 회사에 출근했을 때와 똑같이 영상 통화를 이용하여 회의를 할 수 있습니다.

글자, 소리, 그림, 영상 등 컴퓨터가 취급할 수 있는 것이라면 무엇이든지 정보를 주고받을 수 있습니다.

예전에는 구리로 된 전화선으로는 많은 정보를 보낼 수 없었습니다. 그러나 지금은 이용할 수 있는 다양한 것들로 발전하였습니다.

집에 있으면 각기 다른 곳에 있는 여러 사람과 같은 시각에 영상 통화로 회의한다든지, 서류를 만들어서 그것을 회사에 보내거나 또 필요한 자료를 회사에서 보내게끔 할 수 있습니다.

그럼으로써 아버지나 어머니는 회사에 매일 출근할 필요가 없어지게 되었지요. 이것을 '재택근무(집에서 회사 일을 하는 것)'라고 합니다.

집에 있으면서 취향에 맞는 양복의 색상을 골라 몸의 치수를 재어 그대로 주문할 수도 있습니다. 이것을 '온라인 쇼핑'이라고 하지요.

멀리 떨어져 있는 학원의 유명한 선생님의 강의를 집에서 들을 수 있으며, 인터넷 통신을 통해서 여러 가지 질문도 하고 답변도 받을 수 있습니다.

영화관에 가지 않고서도 리모컨만 이용하면 기다릴 필요 없이 집에서 TV로 처음부터 영화를 감상할 수 있습니다.
이것을 '주문형 비디오(VOD)'라고 합니다.

컴퓨터 등으로 전 세계 물건들을 구매할 수 있어요.

게임 소프트웨어는 어떻게 만드는가?

■ 게임기의 비밀인 게임 소프트웨어란 무엇일까?
● 게임기를 만들 때 맨 먼저 생각하는 것은 무엇일까?
● 게임을 만드는 작업은 어떻게 진행되나?
● 게임은 누구나 만들 수 있는가?

　게임기는 아주 작지만, 그 안에는 굉장한 능력을 갖춘 컴퓨터가 들어있습니다.

　그러나 게임기만으로는 절대로 움직이지 않지요. 그 게임기를 움직이기 위한 소프트웨어가 필요합니다.

　소프트웨어를 만들기 위해서는 '어떤 게임으로 만들 것인가' 하는 아이디어를 생각하기 시작하여 완성될 때까지 최소한 1년은 족히 걸린다고 합니다. 그렇다면 먼저 어떤 것부터 시작하게 될까요?

　우선은 여러 분야의 전문가들이 한자리에 모여 아이디어 회의를 시작합니다.

생각해 낸 줄거리나 캐릭터를 기초로 하여 그림을 그리는 사람, 음악을 만드는 사람, 실제로 화면을 움직이거나 소리 나는 순서를 컴퓨터에 전하기 위한 프로그램을 설계하는 프로그래머 등 하나의 게임을 만들기 위해서 각 분야에 걸친 각각의 전문가들이 모여 아이디어를 짜내지요.

　게임기는 컴퓨터와 마찬가지로 게임 소프트웨어의 움직임이나 소리, 그 모두를 프로그래밍 언어로 입력하지 않으면 안 됩니다. 그러한 일을 하는 사람이 프로그래머이지요.

음악도 게임에는 없어서는 안 되는 것 중의 하나입니다. 하나의 게임에 많게는 50~60곡의 음악이 들어가는데, 음악도 화면을 움직이는 것과 같이 프로그래머가 프로그래밍 언어를 사용하여 게임 속에 집어넣는 것입니다.

움직임이나 소리의 짜임새는 몇 번이고 엄격하게 체크를 하지요.

이러한 작업에 몇몇 전문가가 합심하여 하나의 게임 소프트웨어를 완성하게 되는 것입니다.

게임 소프트웨어를 만드는 사람에게 물어보면 "게임을 만들 때는 아이디어, 체력, 팀워크 등 3요소가 필요하다."고 말합니다.

첫째, 아이디어를 내기 위해서는 게임 이외에도 여러 분야에 흥미를 느껴야 합니다. 그래야 짜임새 있고 다양한 게임을 만들 수 있습니다.

다음은 체력입니다.

게임을 재미있게 하기 위해서는 오랜 시간 동작을 연구해서 그림을 그려야 하며, 또 동작 하나하나와 어울리는

소리를 집어넣는 데는 대단한 끈기가 필요하므로 몸이 튼튼하지 않으면 지탱해 낼 수가 없다고 합니다.

　마지막으로 중요한 것이 팀워크인데, 게임 소프트웨어는 아무리 뛰어난 사람이라도 혼자서는 만들 수가 없습니다. 여러 분야에 걸쳐 각 방면의 전문가들이 모여서 하나의 프로그램을 만드는 것이지요.

　그래서 독불장군식으로 혼자 하게 되면 어떤 일도 이루어지지 않게 됩니다.

프로그래밍 언어란 무엇을 말하는 것인가?

게임기도 컴퓨터이기 때문에 사람의 말은 일절 통하지 않습니다. 그래서 컴퓨터에 통하는 말로 하나하나 옮기지 않으면 안 되는데, 이 과정에 사용되는 것이 '프로그래밍 언어'라고 합니다.

컴퓨터의 중앙처리장치는 0과 1이라는 신호만 받아들일 수 있으므로 사람이 컴퓨터에 명령하여 어떤 일을 하려고 할 때는 컴퓨터가 이해할 수 있는 언어로 명령해야 그 일이 가능합니다.

컴퓨터는 0과 1을 짜 맞추어 명령의 내용을 이해하게 됩니다. 즉, 컴퓨터가 이해할 수 있는 언어로 사람의 말을 컴퓨터에 통역하는 것이 프로그래머가 해야 할 일인 것입니다.

미국 대통령은 어떻게 뽑나?

- 예비선거와 본 선거의 차이는?
- 미국의 대통령 후보는 어떻게 뽑나?
- 대통령 후보로 지명을 받으면?
- 본 선거란 무엇인가?
- 정식 대통령은 언제 탄생하나?

　미국의 선거는 우리나라와는 달리 좀 복잡합니다.

　미국 대통령은 국민이 직접 뽑는 것이 아니라 국민이 뽑은 대통령 선거인단이 뽑기 때문에 간접 선거인 셈이지요. 그러나 국민은 지지하는 대통령 후보를 이미 결정해서 발표한 대통령 선거인단을 뽑기 때문에 직접 선거나 다름없습니다.

　국민은 우선 민주당, 공화당 등 당별로 각 주의 예비선거(프라이머리)와 각 주의 당원대회(코커스)에서 당의 전국 대회에 출석할 대의원을 뽑습니다.

　대통령 후보를 뽑는 대의원은 당원이 유권자인 경우가 많으나 그렇지 않아도 괜찮은 주도 있습니다. 이것은 주마다 다릅니다.

대통령 후보를 뽑는 각 당의 전당대회는 보통 7월과 8월에 열립니다. 그 전당대회에서 각 주에서 선출된 대의원들이 투표로써 자기 당의 대통령 후보를 지명하는 것입니다.

이때 대통령 후보에 지명된 사람은 부통령 후보에 앉히고 싶은 사람을 발표하는 것이 관례로 되어 있습니다.

지명받은 대통령 후보는 11월의 대통령 선거 때까지 자기의 생각을 열심히 설명하며 상대편 당의 대통령 후보와 선거전을 치르게 됩니다.

미국에서는 11월의 첫 번째 월요일이 속한 주의 화요일에 선거인단 선거가 벌어집니다.

미국 대통령 임기는 4년이며, 한 차례의 선거로 인해 연임할 수 있습니다.

국민은 대통령을 직접 뽑지 않고 대통령을 선거할 선거인(대통령 선거인)을 이때 먼저 뽑지요. 이때의 국민은 18세 이상의 보통 유권자를 말합니다.

대통령 선거인의 수는 모두 538명으로 과반수인 270표를 획득하는 당의 후보자가 다음 대통령이 되는 것입니다.

각 주의 대통령 선거인은 주의회에서 12월의 두 번째 수요일의 다음 월요일에 투표하여 우편으로 연방 의회의 상원 의장 앞으로 보냅니다. 연방 의회란 우리나라의 국회에 해당하는 정부 기관입니다.

그러면 다음 해 1월 6일 상하의원의 합동 위원회에서 개표하여 확인 절차를 거친 후 1월 20일 오전에 새로운 대통령이 탄생하게 됩니다.

꼬마상식

미국의 정당

미국에는 2개의 주요 정당으로 민주당과 공화당이 있습니다. 양당은 다양한 계층의 미국인으로부터 지지를 얻어 광범위한 정치적 견해를 수렴하고 있으며, 연방과 주 정부를 장악하고 있습니다.

민주당은 1800년 이전 형성된 토머스 제퍼슨 당에서 유래하며, 남부의 농업지대를 지반으로 형성되었습니다. 공화당에 비해 보다 진보적인 당으로 여겨지며, 일반적으로 정부는 국민의 요구에 따라 사회·경제 정책을 제공해야 할 의무가 있다고 믿습니다.

공화당은 1850년대 미국 북부 및 서부에서 노예제도의 확산에 반대한 에이브러햄 링컨 등에 의해 창당되었습니다. 민주당의 정책을 전적으로 반대하지는 않지만 납세자들에게 과다한 부담을 준다고 생각하며, 민간부문이 강력해지면 시민들의 정부에 대한 의존을 줄어들 것이라는 신념 때문에 민간기업에 대한 지원을 강조합니다. 자본옹호, 보호관세, 반공을 주장하는 등 민주당에 비해 보수적인 경향을 띠어오고 있습니다.

미국 정당의 민주당은 당나귀를 심볼로 하고 있고 공화당은 코끼리를 심볼로 상징하고 있다. 두 정당은 4년마다 대통령 후보를 선출하여 대결을 벌인다.

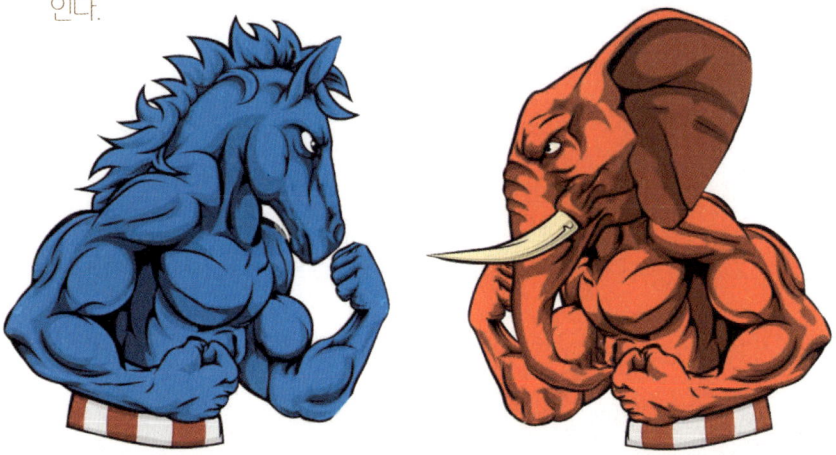

미국 대통령은 얼마나 힘이 있나?

■ 에어포스 원이란 무엇인가?
● 미국 대통령은 어떤 힘을 가지고 있나?
● 화이트 하우스란?

　미국 대통령은 미합중국의 대표로서 가장 책임이 무거운 사람입니다.

　어떤 정치를 해야 나라를 위하는 것이고, 그러기 위해 어떤 법률이 좋은지를 결정하여 그 모든 책임을 지게 됩니다.

　예를 들어, 미국 의회에서 의원의 반수 이상이 찬성한 법률안은 최종적으로 대통령이 서명해야 법률이 됩니다. 그런데 그 법률안이 자기 생각과 다르면 대통령은 서명하지 않아도 됩니다.

　또 미국에는 약 128만 명의 군인이 있어서 어떤 나라에 전쟁이 일어날 때 군대를 파견할 수 있습니다. 지금 현재 세계 59개국에 군대를 주둔시키고 있으며, 대통령은 바로 이 군대의 우두머리가 됩니다.

또 미국이 가진 핵미사일을 발사하느냐, 마느냐를 결정하는 것도 대통령 단 한 사람만이 할 수 있습니다.

핵미사일 발사 버튼은 특수 가방 속에 들어있어서, 이 가방을 가진 사람이 24시간 언제나 대통령 곁을 따라다닙니다.

미국 대통령 엠블럼
백악관에서 사용하는 엠블럼에는 미국의 상징 동물인 흰머리수리가 위풍당당하게 새겨져 있습니다.

미국의 대통령이 사는 집과 일하는 곳이 한데 있는 집을 화이트 하우스라고 합니다. 흔히 '백악관'이라고 부르는데, 우리나라로 말하자면 청와대인 셈이지요.

이 백악관은 1800년에 완공되었습니다. 처음의 이름은 '대통령의 집'이었다고 합니다. 그런데 1814년에 영국군이 워싱턴을 습격하여 불을 질렀기 때문에 불에 탔습니다. 그래서 벽을 다시 희게 칠했다고 합니다. 1902년이 되어 백악관으로 정식으로 인정받았습니다.

3층 건물인 백악관은 2층의 일부와 3층은 대통령이 사는 집, 그 이외는 사무실로 되어 있습니다. 백악관에는 132개의 방이 있는데, 건물 안에는 역대 대통령의 초상화와 기념품 등이 장식되어 있습니다.

백악관은 미국 대통령의 집무실이자 생활 공간입니다.

에어포스 원은 미국 대통령의 전용기로 하늘을 나는 백악관이라고 합니다.

　'에어포스 원'은 미국 대통령이 업무를 보러 다닐 때 사용하는 비행기의 이름으로 미국 대통령이 타는 비행기를 가리킵니다. 지금의 에어포스 원의 대통령 개인실에는 자그마한 세면대와 샤워기가 있는 욕실과 소파 겸 침대들이 있고, 대국민 브리핑도 겸할 수 있는 대통령 집무실, 대통령 참모들이 사용하는 자그마한 사무실이 있으며, 통신실 등과 동행하는 승객과 기자들을 위한 좌석이 있습니다.

　공중급유장비가 설치되어있어 항속거리는 기체에 무리만 안 가면 얼마든지 비행할 수 있으며, 비상시에는 백악관의 기능을 수행할 수 있도록 각종 시설이 되어 있고 각종 군사 상황판까지 배치되어 있습니다.

　두말할 필요 없는 '하늘을 나는 백악관'인 셈입니다.

오존층 파괴란 무슨 뜻인가?

■ 오존이란 무엇이며, 오존이 없어지면 어떻게 되나?
● 오존층은 어디에 있나?
● 오존이란 무엇인가?
● 오존층이 없어지면 어떻게 되는가?

지구 표면에서 약 10~15km 위까지의 공기가 있는 부분을 '대류권'이라고 부르는데, 이 대류권에서 구름이 생기기도 하고 비를 내리기도 하지요.

대류권에서 약 20~30km 위층을 '성층권'이라고 하는데, 이곳은 일기의 변화가 거의 없습니다. 바로 이 성층권 속에 많이 포함된 것이 '오존'이라는 물질인데, 오존이 모여 있는 층을 '오존층'이라고 합니다.

오존은 태양에서 쏟아지는 자외선을 흡수하여 지구의 생물을 보호하는 기능을 합니다. 그래서 지구의 생물에게는 경호원과 같은 아주 고마운 존재이지요.

오존층은 지구를 보호하는 역할을 하고 있습니다. 오존층이 파괴되면 여러 가지 피해가 일어납니다.

   그러나 과거에는 지구를 포근한 이불처럼 감싸고 있던 오존층이. 지금은 인간이 만들어 낸 가스로 인하여 구멍이 뚫리고 있습니다. 단순히 구멍이 뚫리기만 한다면 별문제가 없을 거로 생각할 수 있지만, 이 구멍으로 인해 여러 가지 피해가 나타나고 있어 심각한 상태입니다.

지구가 생성된 당시에는 태양에서 지구로 자외선이 직접 쏟아졌기 때문에 생물들은 바닷속에서만 살아야 했습니다. 발암 물질인 자외선은 살균작용을 하기 때문입니다.

지구에서 처음으로 생겨난 생물은 바닷말 종류의 생물이었지요. 30억 년이라는 오랜 기간에 걸쳐 자외선이 미치지 못하는 바닷속에서 산소를 만들어 내어 지구의 산소량을 축적해 왔습니다.

산소는 자외선이 닿으면 파괴되기도 하지만, 산소끼리 잘 결합한 것은 자외선이 닿아도 파괴되지 않는 '오존'이라는 물질로 변하게 됩니다.

태양의 자외선은 오존층에 반사되어 나가지만 뚫린 곳은 통과합니다.

오존층을 파괴하는 프레온 가스는 2010년부터 사용이 금지되었습니다.

  이 오존이 차츰 증가하여, 결국 지구의 상공을 이불처럼 덮어 주는 오존층을 형성하게 되었습니다. 그 덕분에 지구의 생물은 자외선의 공포에서 벗어나 바다에서 육지로 나와 살 수 있게 된 것입니다.

  지금 문제가 되는 것은 30억 년에 걸쳐 만들어 놓은 이 오존층을 인간이 단지 수십 년 동안에 파괴해 버린 것입니다.

  그 발단은 약 60년 전에 미국에서 개발한 '프레온 가스(CFC)'입니다. 이 가스는 성질이 잘 변하지 않고 독성이 없어서 헤어

스프레이나 살충제, 전기냉장고나 에어컨에서 온도를 낮추는 재료, 또 개인용 컴퓨터 등의 부품을 씻을 때 등 생활 및 공업용으로 폭넓게 쓰이고 있었습니다.

그런데 그 성질이 가벼워 오존층까지 올라가서 자외선에 닿게 되면 오존을 파괴해 버립니다. 그 결과 오존층이 뚫려 자외선이 지구로 직접 쏟아지기 시작한 것입니다.

그러자 사람에게는 피부암이나 백내장을 일으킬 위험이 증가하게 되었고, 농작물에도 많은 영향을 주었습니다.

오존층이 파괴되어 지구의 환경이 점점 악화하기 시작하자, "이거 큰일 났구나!"하고 느낀 사람들은 1987년에 몬트리올 의정서를 통해 프레온 가스의 사용을 전면 금지하자고 약속했습니다. 그 결과 2010년부터 프레온 가스의 사용이 완전히 금지되었습니다.

그러나 안심할 수 없었습니다. 프레온 가스는 한번 공기 중에 나오게 되면 100년 정도는 없어지지 않고 남아 있는 것으로 밝혀졌기 때문입니다.

다시 말하면, 지금까지 써온 프레온 가스가 앞으로도 100년 동안이나 오존층을 계속 파괴해 갈 것이기 때문입니다.

미세먼지, 산성비, 산성안개란 무엇인가?

- 산성비가 계속 내리면 자연과 인간에게 어떤 영향을 미치나?
  - 무엇이 산성비와 산성안개인가?
  - 왜 산성비가 되나?

석유와 석탄에는 유황이 포함되어 있어서, 그것이 타게 되면 황산화물이나 질소산화물과 같은 유해물질이 나오게 됩니다. 이 유해물질이 공기나 구름에 섞여서 화학 변화를 일으키게 되면 과일 주스보다 더 신맛이 나는 상태로 되는데(산화), 이러한 과정에 의해서 생긴 비가 산성비, 안개가 산성안개입니다.

과학 문명은 인류에게 편리함을 주지만 반대로 공장에서 내뿜는 매연은 지구를 병들게 합니다.

공장의 매연가스로 인해 미세먼지가 발생하여 자연에 피해를 줍니다.

　산성비는 화산 폭발에 의한 화산재에 의해서도 생깁니다. 또 이런 유해물질 가운데 10마이크로미터(0.01mm)보다 작은 덩어리들을 미세먼지라고 합니다.

　그러나 지금 가장 큰 문제가 되는 것은 화력 발전소, 생산 공장, 청소 공장 등에서 석유나 석탄을 태울 때 나오는 매연이나 자동차나 비행기에서 나오는 배기가스가 녹아 있는 미세먼지 등입니다.

　곤란한 것은 이렇게 배출된 가스나 매연은 아주 가벼워서 기류 등에 의하여 멀리까지 이동된다는 것입니다. 그리고 공기 중에 떠돌아다니다가 햇빛이나 산소 등과 어울려서 산화되어 물에 녹기 쉬운 물질이 된다는 것입니다.

즉 산성비, 산성눈, 산성안개가 되어 다시 지상으로 내리므로 매우 난처한 것입니다.

먼저 산성비가 많이 오는 지역에는 빗물이 고이는 늪이나 호수에 민물고기가 살지 못하게 됩니다.

예를 들어 스웨덴에는 호수와 늪이 8천5백여 개가 있으나 그 중의 약 반수에 가까운 4천여 곳의 호수와 늪에서는 물고기가 사라졌습니다. 캐나다에서는 4천여 개나 되는 늪과 호수가 '죽음의 물웅덩이'가 되고, 연어의 모습을 감춘 강이 많아졌다고 합니다.

산성비의 피해는 숲에서도 나타납니다. 나뭇잎이 상하여 나무가 시들게 될 뿐 아니라, 흙 속에 있는 영양분이 산에 녹아서 흘러내리기 때문에 어린나무는 싹이 트지 않는 것이 많아졌습니다. 독일, 스위스에서는 산림의 약 반이 산성비 때문에 시들었다고 합니다.

또 농작물의 수확량도 감소하였습니다.

산성비가 미치는 영향은 자연에만 국한되지 않습니다. 산성비는 철과 동을 부식시키고 돌, 콘크리트, 대리석 등을 녹여 버립니다. 그래서 미래까지 남겨 놓고 싶은, 예를 들어 그리스의 파르테논 신전과 같은 옛 시대의 귀중한 건물이 산성비로 인해 녹아 없어질 위험에 처하게 되었습니다.

꼬마상식

금이 간 산성비의 고드름

공원이나 길가에 서 있는 조각상 등에 빗물이 흘러내린 듯한 흰 자국을 본 일이 있을 거예요. 새똥인 경우도 있지만, 산성비로 녹아내린 흔적인 경우가 많습니다.

또 고속도로나 다리, 블록 담 등의 금이 간 곳에 빗물이 떨어진 흔적이 희게 남아 있는 곳이 있습니다. 이것도 산성비 때문이지요.

금이 간 곳에 산성비가 침투하여 화학 변화를 일으키면, 거기에서는 수분이 증발하고 콘크리트의 칼슘 성분이 물이 흘러내린 흔적으로 남게 됩니다. 그리고 이것이 고드름과 같이 조금씩 축적되지요.

금이 많이 벌어지게 되면 건물 자체가 무너질 위험성이 커집니다.

산성비는 나무를 메마르게 할 뿐 아니라 조각상 등 돌도 녹여 버립니다.

나무가 줄어들면 지구에는 어떤 영향이 있나?

■ 열대림에서 무슨 일이 일어나고 있나?
● 열대림은 어디에 있나?
● 열대림이 줄고 있다는데?
● 열대림이 줄어들면 어떻게 되는가?

　열대림은 지구에서 가장 더운 적도를 가운데 두고 남쪽과 북쪽 땅에 있는 산림을 말합니다. 특히 남아메리카의 아마존 강, 중앙아프리카의 나일 강 주변이나 동남아시아의 섬들에 있는 숲이 잘 알려졌지요.

　열대림 중에서도 비가 많이 오고 습한 곳에 열대다우림은 그 전부를 합해도 오스트레일리아의 넓이보다 조금 넓은 정도밖에 되지 않지만, 지구에 사는 모든 생물의 반이 넘는 종류가 이곳에 살고 있습니다.

　그런데 적도를 사이에 두고 남북 양쪽으로 뻗어 있는 열대림에서는 건축 재료나 땔감 등 사람이 사용할 목적으로 나무가 계

열대림의 우거진 숲은 지구의 허파로 일컬어지는 매우 중요한 역할을 하고 있습니다.

속 벌채되고 있지요. 또 유럽이나 북아메리카에서는 산성비의 영향으로 숲의 나무가 점점 시들어 가고 있습니다.

이런 식으로 나무가 점차 줄어들면 지구의 공기는 더욱더 오염되어 지구 전체가 지금보다 더워지게 됩니다.

세계에서 굶주림을 없애기 위해 여러 가지 다양한 활동을 하는 유엔식량농업기구(FAO)의 조사에 의하면, 매년 한반도의 넓이의 반에 해당하는 산림이 사라진다고 합니다.

숲이 사라지는 가장 큰 원인은 자연재해로 인한 손상이 아니라 인간의 인공적인 훼손 때문입니다. 농작물을 경작하기 위해

숲을 불태우고 밭을 만들거나 땔감을 얻기 위해 나무를 마구잡이로 많이 베어내기 때문입니다.

지금도 아마존 강 근처의 열대림은 목장을 만들기 위해 개간되고 있으며, 동남아시아의 숲이 줄어드는 것은 건축용 목재를 얻기 위해 많은 나무를 베어내고 있기 때문이라고 합니다.

열대림이 줄어들면 맨 먼저 숲에 사는 생물이 점차 사라지게 됩니다. 또 열대림은 물을 많이 머금고 있는 '자연의 댐' 역할을 하는데, 숲의 나무가 없어지면 홍수나 산사태가 그만큼 잦아지게 됩니다.

열대림의 파괴는 자연의 동물과 식물뿐만 아니라 결과적으로 인간에게도 커다란 재앙을 안겨줄 것입니다.

열대림은 나무의 보물 창고인데, 흙의 영양분은 대부분 식물 속에 비축되어 있습니다. 그런데 나무가 없어지게 되면 흙의 영양분이 줄어들게 되어 결국 사막과 같은 삭막한 상태로 되어 버릴 것입니다. 게다가 더욱 무서운 것은, 숲이 줄어드는 만큼 세계의 공기가 오염된다는 것입니다.

엽록소를 가지고 있는 식물은 태양광선의 에너지를 흡수하여 공기 중의 이산화탄소와 물로 포도당과 산소를 만들어 냅니다. 이를 '광합성'이라고 하는데, 이 광합성 덕분에 식물이 많은 곳의 공기는 쉽게 오염되지 않는 것입니다.

엽록소를 가지고 있는 식물은 광합성을 만들어내어 대지의 공기를 맑게 하는 자연의 보물 창고입니다.

광합성 이야기

광합성은 녹색 식물이 가진 색소 중 주로 엽록소가 태양의 빛 에너지를 이용하여 공기 중에서 빨아들인 이산화탄소와 뿌리에서 흡수한 수분으로부터 탄수화물을 생성하는 일련의 화학 반응을 말합니다.

햇빛은 날마다 먼 우주 공간을 날아와 지구를 비추어 줍니다. 햇빛은 돌덩어리 행성 지구를 따뜻하게 만들고, 커다란 바람을 일으키고, 바닷물을 하얀 구름으로 바꾸어 주지요. 하지만 식물이 없다면 햇빛의 요술도 여기서 멈추고 만답니다. 식물은 동물이 할 수 없는 일을 할 수 있어요. 동물은 다른 동물이나 식물을 먹어야 살 수 있지만 식물은 햇빛을 먹고, 햇빛에너지로 물과 이산화탄소를 요리해서 스스로 영양분을 만들어 내지요.

햇빛이 잎에 닿으면 엽록소가 잠에서 깨어나 빛에너지를 먹습니다. 그러면 엽록체 방에서 물과 이산화탄소에 빛에너지를 듬뿍 섞어서 포도당을 만들기 시작하지요(뿌리가 땅속에 있는 물을 빨아올리고, 잎이 공기 중에 있는 이산화탄소를 빨아들여요). 포도당은 식물에게 밥과 반찬, 고기와 다름없답니다. 포도당이 변하여 줄기와 잎과 꽃과 열매가 되지요. 식물이 이렇게 물과 이산화탄소를 먹고 햇볕을 쬐어 포도당을 만드는 일을 광합성이라고 부릅니다.

밀폐된 공간에 촛불로 인해 이산화탄소가 발생하여 생쥐가 죽고 맙니다. 그러나 식물이 있는 곳에는 식물이 광합성 작용으로 촛불의 이산화탄소를 빨아들이고 산소를 내뿜어 생쥐가 살아있습니다.

만일 열대림이 없어지게 된다면 지구의 공기 오염은 분명히 그 속도가 빨라질 것입니다.
　지구는 태양광선, 그중에서도 적외선에 의해서 따뜻해지는데, 밤이 되면 이 적외선은 지구 밖으로 나가게 되므로 기온이 낮아집니다.
　그런데 이산화탄소는 적외선이 지구 밖으로 방출되는 것을 막는 기능을 합니다. 다시 말하면, 매연 등으로 공기 중에 이산화탄소가 많아지게 되면 지구 밖으로의 적외선 방출이 어렵게 되어 지구의 온도가 올라갈 수밖에 없습니다. 그러므로 이상 기온이 되는 것입니다.
　열대림이 줄어든다는 것은 단순히 공기의 오염뿐만 아니라 이렇듯 지구의 환경에 많은 영향을 미치므로 매우 심각한 문제가 아닐 수 없습니다.

지구가 따뜻해지면 문제가 생긴다는데 어째서일까? (1)

■ 지구가 온난화되면 어떻게 되나?
● 온난화란 무엇인가?
● 온난화의 원인은 무엇인가?
● 온난화 방지를 위해 교토 회의에서 어떤 결정이 났는가?
● 온실가스는 어떤 방법으로 줄이나?

　지구가 따뜻한 이유는 지구는 태양의 빛을 받아 데워지고, 지구의 대기 중에 원래부터 존재하고 있는 이산화탄소가 지구 밖으로 열이 빠져나가는 것을 막아 주는 역할을 하기 때문입니다. 지구의 평균 기온은 대개 15도 정도인데, 이산화탄소가 없다면, 영하 18도 정도까지 떨어질 것입니다.

　하지만 이산화탄소의 양이 너무 많아지면 태양에 의해 데워진 열이 대기 바깥으로 나가지 못하게 되어, 지구는 마치 몇 장의 담요를 덮어 놓은 것 같은 상태가 되어 버립니다. 그래서 지구 전체의 온도가 올라가게 되지요.

　이것이 '지구의 온난화'입니다.

공장의 굴뚝에서 나오는 시커먼 연기나 자동차에서 나오는 매연 중에 많이 포함된 것이 이산화탄소입니다.
　지금과 같은 속도로 이산화탄소가 계속 늘어난다면 100년 후에는 지구 전체의 평균 기온이 2도 정도 올라가 버릴 것으로 예상합니다.

가정에서도 이산화탄소를 줄이자

이산화탄소는 전기를 만들 때 가장 많이 나오기 때문에 가정에서는 될 수 있는 한 전기 사용량을 줄이도록 합시다. 전기 사용량이 줄어들면 그만큼 전기 만드는 일을 늦추어도 되므로 이산화탄소의 양이 줄어들 것입니다.
우리가 전기를 절약하기 위하여 집에서 할 수 있는 일에는 다음과 같은 것들이 있습니다.

. TV의 소리를 줄입니다.
. 전자제품을 사용하지 않을 때는 콘센트에서 전기 플러그를 뽑습니다.
. 전기밥솥은 계속 켜놓지 말고 먹을 때 다시 데웁니다.

남태평양의 적도 부근에 자리 잡고 있는 투발루는 9개의 산호초 섬으로 이루어졌으나 지구 온난화로 2개의 섬이 바다 아래로 잠겼습니다.

　온도가 2도 정도 올라가면 북극이나 남극 같은 추운 지방의 얼음이 녹아서 육지가 물에 잠기는 등 각종 재앙이 일어나게 될 우려가 있습니다.

　남극 등의 얼음이 녹아서 바닷물이 불어나게 되면 해수면이 0.5~1m 정도 높아집니다. 그렇게 되면 낮은 지역은 바다 밑으로 잠기게 될지도 모릅니다. 실제로 남태평양의 투발루는 9개 섬으로 이루어졌는데, 현재 2개 섬이 바다 아래로 잠겼습니다. 머지않아 전 국토가 바닷물에 잠길 위험에 처해 있습니다.

　또한, 지구 전체의 기후가 변하여 지금까지 더웠던 곳이 춥게 된다든지, 숲이 사막화되어 버리는 곳이 생기게 될 것입니다. 이상 기후가 많아지게 되어 가뭄이나 수해가 잦아질 것이고, 이로 인해 식량이 부족해지는 일이 벌어질 것입니다.

지구가 더워지는 이유는 매연 등으로 이산화탄소가 많이 늘어났기 때문입니다.

200년 전까지만 해도 지구의 이산화탄소의 양은 그다지 변화가 없었습니다. 그런데 150여 년 전에 2차 산업혁명이 일어나 공장이 많이 생기게 되고, 공장마다 석탄을 태워서 여러 가지 제품을 대량으로 만들게 내게 되었습니다.

이때부터 지구의 이산화탄소량에 변화가 생기기 시작했습니다. 석탄을 태우면 이산화탄소가 생겨나기 때문입니다.

그리고 지금 우리 생활에 없어서는 안 되는 것이 전기인데, 이 전기를 만드는 화력 발전소에서도 석유나 석탄을 태워서 전기를 만드는 기계를 움직이고 있습니다. 따라서 전기를 쓰면 쓸수록 이산화탄소가 많이 생기게 되지요.

이산화탄소의 배출은 지구 온난화의 원인이 됩니다.

여러분의 생활이 전기로 인해 풍요롭게 된 만큼 이산화탄소의 양이 단숨에 많아지게 된 것입니다.

1997년 12월, 세계 각국의 대표가 일본 교토에 모여 지구 온난화가 원인이 되는 이산화탄소 등 여섯 가지 온실가스의 배출량을 줄이자는 회의를 하였습니다.

이 회의에서는 이산화탄소뿐만 아니라 지구를 마치 온실처럼 데워 버리는 물질을 '온실가스'로 규정하고, 그것을 6종류로 나누어 이것을 "각 나라에서 노력하여 줄이도록 하자"는 결론을 내렸습니다.

공기 중에 배출된 이산화탄소가 얼마나 되는지 정확하게 측량하기 시작한 것은 1990년부터였습니다. 바로 이때 측량한 이산화탄소의 양을 기준으로 줄이는 목표량을 정했는데, 2008년

산업 현장의 매연은 온실가스의 주범으로 지구를 데워지게 합니다.

부터 2012년까지의 5년 동안에 1990년도의 양보다 지구 전체적으로 5.2%를 줄이도록 하자는 것이었습니다.

　미국, EU(유럽연합), 일본 등은 지금까지 이산화탄소를 많이 배출하여 잘살게 된 나라들입니다. 예를 들어 미국에서만 배출하고 있는 이산화탄소의 양만 해도 전 세계 배출량의 약 4분의 1에 해당하는 것입니다.

　그런데 이제부터 공장을 세우고 생산을 늘려 잘살려고 하는 아시아나 아프리카의 나라들이 미국 등의 나라들과 똑같이 줄이는 것은 불공평한 일입니다. 그래서 각 나라의 사정을 고려, 세계 전체의 목표로 정한 것이지요.

　예를 들어 어느 나라가 많은 숲을 가지고 있어서 일정량의 이산화탄소를 흡수해 준다고 하면 온실가스를 줄인 것으로 간주했습니다.

그래도 아직 줄이기 위한 목표치에 도달하지 못한 경우에는 목표치에 미달하는 부분을 목표보다도 많이 줄인 나라에 "우리나라가 줄인 것으로 해주십시오"라고 부탁하여 돈을 지급한 후 그것을 사게 됩니다. 이것이 '배출권 거래제도'입니다.

이 경우에 '배출'이라는 것은 '가스를 배출하는 것'을 말하는데, 결국 가스를 배출할 권리를 돈으로 거래하는 방식입니다.

또한, 산업이나 기술이 너무 낙후되어 있어 가스를 줄일 수가 없는 나라는 높은 기술을 가지고 있는 나라와 협력하여 가스를 줄여야 할 것입니다. 이것은 공동으로 해서 '공동이행제도'라고 합니다.

우리나라는 2030년까지 발생할 것으로 보이는 예상배출량을 37% 정도 줄이겠다는 뜻을 밝힌 상태입니다.

소의 방귀도 온실가스의 주범이랍니다.

지구가 따뜻해지면 문제가 생긴다는데 어째서일까? (2)

■ 북극과 남극의 얼음은 왜 녹을까?
● 온도가 올라가면 제일 먼저 무엇이 변할까?
● 이상 기후도 온난화 때문인가?

　지구 전체의 온도가 올라가면 공기의 흐름(기류)이 변하여 바닷물의 흐름(해류)까지 바뀌고, 해류가 바뀌면 전 세계적으로 기후가 변하게 됩니다.

　그 영향으로 여태까지 살고 있던 장소에서 식물이나 동물이 태어나지 못하는 것은 물론, 인간도 지금까지 살았던 장소에서 살 수 없는 경우가 생기게 될지도 모릅니다.

　예를 들어 남극 대륙은 '빙상'이라고 하는 평균 2,500m 두께의 얼음으로 덮여 있습니다. 이 빙상의 무게로 인해 바다 쪽으로 밀려나 있는 얼음덩어리가 '붕빙'입니다. 큰 것은 그 두께가 880m나 되지요.

1998년 2월에 일어난 일인데, 남아메리카의 남쪽 끝에서 가장 가까운 남극 반도의 붕빙의 일부(약 200㎢)가 붕괴한 것이 인공위성 사진으로 밝혀졌습니다. 당시 온난화가 진행되고 있는 징조라고 생각했습니다.

　2017년 영국의 과학단체는 남극 서부의 빙붕에서 80km 이상이나 되는 길이의 균열이 발생했고, 거대한 빙산이 분리하여 탄생할 조짐이 있다고 발표했습니다. 만약 이 빙붕이 분리하면 5,000제곱킬로미터 넓이의 거대한 빙산이 될 것이라고도 예상했습니다.

붕빙은 해면상에서 따졌을 때 높이가 2m 이상이고 표면이 평탄한 빙괴를 말하며 선반얼음이라고도 합니다.

지구 온난화가 계속되면 펭귄의 서식지인 남극의 얼음이 다 없어질 수 있습니다.

 최근 100년 동안 지구 전체의 평균 기온이 0.3~0.6도 높아졌습니다. "뭐, 그 정도쯤을 가지고…"라고 생각할 수도 있겠지요. 하지만 단지 이 정도의 온도 상승만으로도, 알프스 산맥의 빙하가 녹아서 높이가 낮아지는 경우가 생기는 것입니다.
 또한, 추운 지역의 얼음이 녹아 버린 결과 해수면이 10~25cm가 높아졌다고 합니다. 특히 1950년대 중반부터 20년 동안 남극 대륙 주위의 얼음 면적이 25%나 줄었다고 하는 보고도 나와 있습니다.

바닷물 온도가 1도 정도 높아진 것만으로도 강우량이 10~20%나 늘어난다고 하는데, 이것도 온난화의 영향이라고 전문가들은 말하고 있습니다.

비가 내리는 것도 지금까지는 비가 적었던 지역에 집중호우가 많아진다든지 비가 많았던 지역에 비가 오지 않는다든지 하는 경우가 생기게 됩니다. 홍수와 가뭄이 극심하게 반복되는 지역이 생기는 것도 온난화의 영향으로 여겨지고 있습니다.

또 기후가 변하여 식물이 그 변화에 따라가지 못하게 됨으로써 숲이 없어지고 사막과 같이 되어 버리는 지역이 생기게 됩니다. 그렇게 되면 야생 동물도 갈 곳을 잃어버리게 될 것입니다.

온난화는 왠지 기분이 나쁘고 무서운 소리로 들립니다.

지구의 온난화는 결국 우리 인류에게도 대재앙이 될 수 있어요.

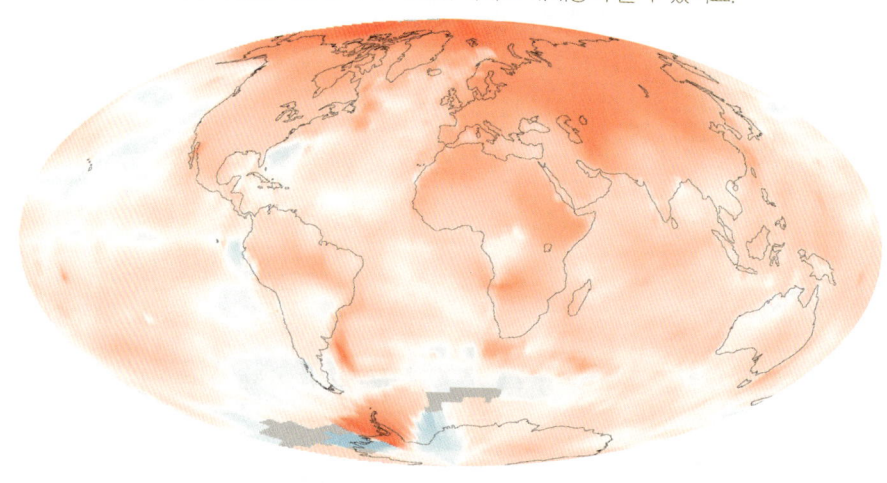

온난화가 계속 진행되면
지구는 2100년까지 사이에 이렇게 변합니다.

유럽 : 알프스 산맥의 빙하가 대부분 없어진다.
러시아, 중국 : 대부분 지역이 건조 지역으로 변한다.
북극 : 바다의 얼음이 녹아 북극곰이 살 곳이 없어진다.
북아메리카 : 가뭄이 늘어나 산불이 많아진다.
아프리카 : 사막화가 급진전하여 물 부족이 심해진다.
동남아 : 바닷물의 수위가 높아져 바닷가에 사는 사람들은 다른 지역으로
　　　　이주해야 한다.
오스트레일리아 : 건조지가 늘어나 산불 사고가 잦아진다.
남아메리카 : 열대우림이 지금보다 줄어든다.
남극 : 남극 대륙을 덮고 있는 얼음이 줄어든다.

149

엘니뇨 현상이란 어떤 것인가?

- 엘니뇨는 무엇 때문에 일어나는가?
- 엘니뇨 현상이란?
- 엘니뇨는 지구에 어떤 영향을 끼치나?
- 라니냐 현상은 어떤 이상 기후를 일으키는가?

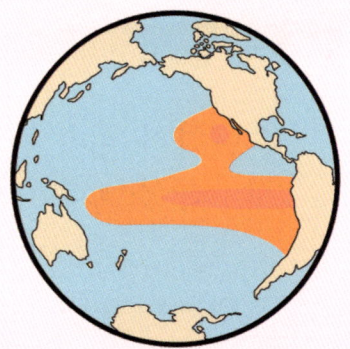

원래 남아메리카의 페루 앞바다는 매년 크리스마스 무렵이 되면 해수면의 온도가 높아져서 물고기가 많이 잡히고, 또 바닷물이 많이 증발하여 육지에도 축복의 비가 내림으로써 농산물 수확을 많이 할 수 있었습니다.

페루 사람들은 이 현상을 신에게 감사하는 마음에서 '신의 아들이 주는 크리스마스 선물'이라는 의미로 '엘니뇨'라고 부르고 있습니다.

페루 앞바다에서 중부 태평양에 이르는 범위의 해수면의 온도가 평년보다 월평균 0.5도 이상 높아지고, 이 상태가 6개월 동안 지속하면 '엘니뇨 현상'이라고 합니다.

적도 부근은 바람이 항상 동쪽에서 서쪽으로 부는데, 그곳의 따뜻한 바닷물도 역시 이 바람을 타고 같은 방향으로 움직이게 됩니다. 옛날 사람들은 이 바람을 타고 항해하며 무역을 했었습니다. 그래서 '무역풍'이라고 부르며 감사하게 생각했지요.

그런데 무슨 까닭인지 2~7년을 주기로 한 번씩 이 무역풍이 약해지면서 갑자기 따뜻한 바람이 멈추고 서쪽으로 움직이지 않게 됩니다.

이렇게 되면 해수면의 온도가 평년보다 2도, 때에 따라서는 5도나 올라가고, 그곳의 바닷물이 많이 증발하기 때문에 매우 많은 비구름이 생겼습니다.

엘니뇨 현상이란 해수 온난화를 말합니다.

이러한 현상은 한 번 발생할 때마다 1년에서 1년 반 정도 지속하는데, 이 현상은 매년 같은 시기에 일어났던 엘니뇨와는 다르게 계절과 관계없이 일어나고, 게다가 전 세계적으로 이상 기후를 발생시켜 지구 전체에 각종 재해를 일으키게 됩니다.

지구 표면의 따뜻한 곳이 평상시와는 다른 곳에 생기게 되므로 바닷물이 수증기로 되는 장소가 변하게 됩니다. 또한, 그곳 주위의 공기가 더워져 위로 올라가게 되므로 기압배치도 크게 변하게 되지요.

그런데 이런 이상한 엘니뇨 현상이 일어날 경우, 태평양 전체에 영향을 줍니다. 예를 들어 무역풍이 따뜻한 바닷물을 옮기지 못하기 때문에 필리핀 주변의 해수면 온도가 올라가게 됩니다.

그러면 엘니뇨 현상으로 인해 위로 올라간 공기가 순환하여 동남아시아나 오스트레일리아 동부, 뉴기니 섬, 그리고 멀리 아프리카 등지로 옮겨가게 되므로 비가 내리지 않고 가뭄이 되어 버리는 곳이 생겨납니다.

1997년에 비행기 사고로 일어난 인도네시아의 산불은 그 피해 지역이 엄청나게 넓었는데, 비가 오는 계절임에도 불구하고 엘니뇨 현상으로 인한 가뭄 때문에 숲이 건조해 있어서였습니다.

엘리뇨 현상으로 발생하는 재해

집중 호우

가뭄이 들어 흉작이 된다

대홍수

뜨거운 열

엘니뇨 현상이 우리나라 기후에 미치는 영향은, 여름철에 태풍의 발생이 줄어드는데, 이것은 좋은 일이라고 하겠지요. 하지만 여름에 불볕더위가 발생한다든지, 비가 많은 서늘한 여름이 된다든지, 겨울이 따뜻하게 된다든지 하는 경우가 많아집니다.

　1997년 봄에 발생한 엘니뇨 현상으로 인해 해수면 온도가 평년보다 3도 이상이나 높았습니다. 이 때문에 여기저기서 이상 기후가 발생하여 전 세계적으로 이상 재해를 불러일으켰지요. 아메리카 대륙에서는 큰비로 대홍수가 일어나고, 멕시코 등에서는 큰 눈이 내렸습니다. 우리나라에서는 장마가 끝날 때쯤에 다시 호우가 발생했습니다.

엘니뇨 현상과는 반대로 무역풍이 강해졌을 때 인도네시아 근해에는 따뜻한 바닷물이 생기고, 페루 근해에는 차가운 바닷물이 많이 솟아오르게 되어 서쪽에 비구름이 많아지게 됩니다.

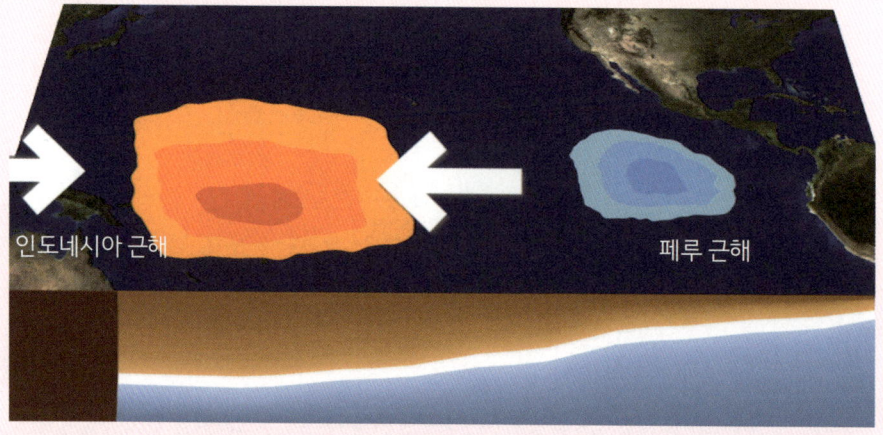

2015년에는 슈퍼 엘니뇨가 발생해서 12월에 미국 워싱턴에서는 벚꽃이 피고, 일본은 12월에 기온이 24도까지 올라가는 등 괴이한 기상이변이 계속되었습니다

본래 엘니뇨는 페루 앞바다의 해수 온도가 낮아지는 '라니냐'와 수년마다 번갈아 가면서 일어납니다. 그러나 최근에는 엘니뇨 현상이 월등히 많아졌습니다.

라니냐는 스페인어로 '여자아이'라는 의미로 엘니뇨와 반대되는 의미로 붙여진 이름입니다.

엘니뇨 현상이 발생하는 같은 장소에서 여느 해보다도 바닷물의 수온이 1~2°도 정도 내려가는 현상을 라니냐 현상이라고 하지요. 이것도 역시 지구 전체에 이상 기상을 일으키고 여러 가지 재해를 가져옵니다.

1967년과 1973년의 라니냐로 인해 그해 우리나라의 평균 기온은 2도 정도 낮았다고 합니다.

1988년에 발생한 라니냐 현상은 일 년 동안이나 지속하였었지요. 중국에서는 뜨거운 열과 가뭄으로, 방글라데시에서는 대홍수로 큰 피해를 보았습니다.

환경 호르몬은 왜 무서운가?

■ 다이옥신이란 어떤 물질인가?
● 환경 호르몬은 어디에서 나오나?
● 다이옥신은 인간에게 어떤 영향을 주는가?

　환경 호르몬은 화학 물질이 몸에 들어가 호르몬과 유사한 작용을 하여 체내환경을 어지럽히는 물질을 일컫는 말입니다. 환경 호르몬 가운데 널리 알려진 것이 다이옥신입니다. 다이옥신 외에도 사람의 건강에 나쁜 영향을 주는 화학 물질은 지금 알려진 것만으로도 200종류 이상이나 됩니다.
　다이옥신은 플라스틱이나 비닐 등을 태울 때 나오는 물질입니다. 다이옥신은 청산가리보다도 강한데, 계속해서 들이마시게 되면 몸 안에 쌓여서 암을 일으킨다고 합니다. 다이옥신은 염소가 들어있는 플라스틱이나 비닐 등을 태우게 되면 발생한다고 합니다.

공기 중에 일단 방출된 다이옥신은 분해되지 않고 그대로 지표면에 남아 채소나 지하수에 스며듭니다.

그리고 비에 녹아서 강이나 바다로 흘러 들어가 물고기나 조개 등에도 쌓이게 됩니다. 따라서 인간의 몸 안에는 음식이나 물을 통해서 들어오게 되지요.

보통 우리가 사용하다 버리는 쓰레기의 양을 줄이는 가장 손쉬운 방법은 태워서 그 재를 땅에 묻는 것입니다. 태워서 묻으면 쓰레기가 20분의 1로 줄어들기 때문이지요.

플라스틱이나 비닐 등의 쓰레기에서 독성이 강한 다이옥신이 배출됩니다.

그러나 난처하게도 다이옥신은 이 쓰레기를 태울 때 나오는 연기나 타고 남은 재 안에 포함되어 있습니다. 다이옥신의 80~90%가 쓰레기 소각장에서 나온다고 합니다.

쓰레기 소각장 등 자원회수시설의 연기로부터 나오는 다이옥신의 양에 대해서는, "이 정도 이상의 양을 내면 안 된다."고 하는 규제가 있습니다. 또 규정된 양 이상의 다이옥신을 포함하고 있는 흙은 제거하게 되어 있습니다.

하지만 무엇보다도 다이옥신을 만들어 내지 않는 것이 가장 좋은 방법인데, 그러려면 분리해서 수거한 플라스틱 쓰레기는 태우는 것보다 조금이라도 더 재활용하는 수밖에는 없을 것입니다.

다이옥신이 물에 녹으면 물고기와 물속 생명체가 살아갈 수 없습니다.

O-157이란 무엇인가?

■ 식중독에 걸리지 않으려면 어떻게 해야 좋을까?
● O-157은 왜 무서운가?
● 왜 O-157이라고 부르나?
● O-157은 어디에 존재하나?
● O-157에 감염되지 않으려면 어떻게 해야 하는가?

인간의 대장 안에는 지구의 인구와 거의 비슷한 수의 대장균이 살고 있습니다.

그 대부분은 인간에게 어떤 나쁜 짓도 하지 않지만, 몇몇은 독소를 만들어 낸다든지 병을 일으키는 나쁜 짓을 하기도 합니다. O-157은 그러한 나쁜 짓을 하는 대장균 중의 하나로, 식중독을 일으키는 세균입니다.

대장균은 동물의 몸속에서 여러 가지 일을 합니다. 음식물을 잘게 부수어 소화를 돕는 것이 있는가 하면, 몸에 필요한 비타민을 만드는 것도 있습니다. 또 병의 원인이 되는 것도 있지요.

대장균은 인간의 몸에 들어가면 위를 거쳐 대장에 머무르면서 그 수를 늘려 갑니다. 그런데 O-157이라는 세균은 대장에 머물면서 수를 증가시킬 때 '베로톡신'이라고 하는 아주 강한 독소를 뿜어냅니다.

 이 독소는 큰창자 대부분의 안쪽 벽을 상하게 하여 굉장히 심한 복통과 함께 설사를 일으킵니다. 그리고 피가 섞인 대변이 나옵니다.

 큰창자는 영양분을 흡수하여 혈액에 전해 주는 역할을 하고 있어서, 이 독이 혈액 안에도 들어가게 되어 몸 전체로 흘러갑니다. 그리고 신장으로 들어가게 되지요.

 신장은 몸 안에서 필요 없게 된 것들을 오줌의 형태로 외부로 내보내는 구실을 하는데, 베로톡신은 신장을 공격하여 약하게 만들기 때문에 해로운 물질이 제대로 오줌으로 배출되지 않게 됩니다. 심하면 의식을 잃고 죽는 예도 있습니다.

병원성 대장균은 보이지는 않지만, 우리 주위에 무척 많습니다.

이웃 나라 일본에서는 1996년에 O-157이 대유행하여 오사카를 비롯하여 전국적으로 약 1만 2천 명 정도가 식중독에 걸렸고, 그중 12명이 사망하였습니다. 1997년에는 약 1,400명이 걸려 요코하마에서는 여자아이가 1명 죽었습니다.

대장균 가운데 병의 원인이 되는 것을 병원성 대장균이라고 하는데, O-157은 그중에서도 질이 몹시 나쁜 세균의 한 종류입니다.

대장균은 크게 O형과 H형이 있는데, O-157이라는 것은 O형 중에서 157번째로 발견된 대장균이라는 뜻입니다.

1982년에 미국의 한 햄버거 가게에서 일어난 집단 식중독이 최초의 예입니다. 2006년에는 오염된 시금치를 통해 O-157에 감염되기도 했고, 수영장에서 수영하다가 O-157에 걸리기도 했습니다. 이렇듯 O-157은 어디에나 존재하기 때문에 아주 성가십니다.

외출하고 집에 올 때는 꼭 손을 깨끗이 씻고 양치를 해야 해요.

또한, O-157은 음식물과 함께 몸 안에 들어오는 것이 보통인데, 4일에서 1주일 정도 지나서 발병합니다. 그래서 1주일 정도 거슬러 올라가 무엇을 먹었는가를 알지 못하면 O-157의 원인을 모르게 됩니다. O-157이 어떤 음식물에 많이 있는지를 알 수 없는 것도 바로 이러한 이유 때문이지요.

O-157은 열에 약하여 75℃ 이상의 열을 가하면 1분 이내에 죽어 버립니다. 그러므로 도마나 부엌칼을 사용하기 전에 뜨거운 물에 소독하면 됩니다. 또한, 햄버거 등과 같은 고기 요리는 속까지 잘 굽는 것이 중요하지요.

반면에 O-157은 차가운 곳에서는 무척 강합니다. 냉동 음식 안에서도 움직임만 둔해질 뿐 반년 동안 살 수가 있습니다.

대장균은 불어나는 속도가 매우 빠릅니다. 실험실에서 조사한 결과 1개의 대장균은 20분에 두 개로 늘어납니다. 이 같은 비율로 계산하면 지극히 적은 양의 대장균이 묻은 식료품일지라도 그다지 차갑지 않은 냉장고 속에 넣어 둔 채로 두면 어마어마한 수의 대장균이 되어 버립니다. 그러므로 '냉장고에 넣어 두었으니까.'하고 안심하면 안 됩니다.

O-157는 식중독 병원균과 달리 사계절 어느 때이든 창궐합니다.

보통 식중독은 음식이 썩기 쉬운 여름에 일어나는 경우가 많은데, O-157의 경우는 계절이 없습니다. 그러므로 '여름이 지났으니까.'하고 방심해서도 안 됩니다.

꼬마상식

항생제 내성 세균

옛날에는 세균 때문에 죽는 사람이 많았습니다. 인간보다 세균이 더 강했기 때문이지요.

하지만 인간은 세균을 물리치기 위한 연구를 거듭하여 항생제라고 하는 약을 만들어 냈습니다. 그러자 이러한 약에 지지 않는 세균이 또 생겨났습니다. 항생제에 내성을 가진 세균들이 생긴 것입니다. 그래서 필요한 경우에만 항생제를 사용해서 내성을 가진 세균의 출현을 늦추는 것이 필요합니다.

이렇듯 우리가 모르는 새로운 세균이 앞으로도 계속 나타날지 모를 일입니다.

식중독에 걸렸을 때는 바로 병원에 가서 치료를 받고 안정을 취해야 해요.

나만의 독서 카드

이 책을 처음 읽은 날
이 책을 마지막 읽은 날

이 책의 제목은 무엇인가요?
이 책은 어떤 종류의 책인가요?

이 책에서 가장 기억에 남는 장면은 무엇인가요?

이 책의 독후감을 써 보세요.